知的生きかた文庫

この一言が人生を変える
イチロー思考

児玉光雄

三笠書房

プロローグ

頂点を極める「思考パターン」が
あなたの脳に、心に、深く染み込む

イチローの、1000以上の言葉を分析して見えてきたのは、

彼は、「苦しいときやピンチ、逆境のときにしか、進化を見いだせない」

と信じているということ。

私たちは、ヒットを量産することはできないが、

この本で、彼の独特の思考パターンを、今すぐ学ぶことはできる。

それを行動に移せば誰でも、職場の、学校の、人生のヒーローになれる。

あなたの飛躍は、すでに始まっている。

目次

1章

「運命を変える力」が生まれる言葉

——なぜあの人は、奇跡の満塁ホームランを打てるのか?

スランプの先にこそ飛躍がある。

やあ、もう苦しいところから始まって、苦しいがつらいになって、心が痛んで、、最終的に笑顔になった。日本のファンの人たちに笑顔が届けられて最高です。

（09年第2回ＷＢＣ優勝後のインタビューでの言葉）

イチローを偉大なメジャーリーガーに育てた要因は、度重なるピンチで飛躍のヒントをつかんだことにある。そういう意味で言えば順風満帆《まんぱん》なんて面白くない。うまくことが運んだとき、それに浮かれる人間には、必ず長い停滞が訪れる。

たとえば09年第2回WBCにおけるイチローの象徴は、実は決勝戦の10回表の勝利を決定づけるヒットではなく、それまでの長いスランプにある。どんなに追い込まれても、思索をめぐらせ、そこから這《は》いあがろうとする。そこにイチローの真骨頂がある。

あるときイチローは、「**スランプこそ絶好調！**」と語っている。スランプの先にこそ飛躍があることを知っている、イチローらしさを象徴する言葉である。

窮地に陥ったら、その状況をありのまま受け止めよう。そのうえで打開策を絞りだそう。

これこそイチローを成功に導いた思考パターンである。

キツイときほど「これだからピンチは楽しくて仕方がない」と叫ぶ。

なぜ、すべてを捨てる覚悟をした人が
すべてを得るのか？

もし勝てなかったら、
４年後に出たいとは言えないと覚悟していました。
もし決勝で負けていたら、
これだけ周りを悪いほうに巻き込んだわけですから、
もう出たいなんて発言できるわけがありません。
代表について語れる立場ではなくなるという覚悟を持って、
決勝に臨んでいきました。

（09年第2回ＷＢＣにおける、韓国との決勝戦前の心境について語った言葉）

覚悟を持って、格闘しよう。

困難な現実をしっかり計算に入れ、それを打開すると覚悟を決めよう。

「好ましいイメージを描けば成功できる」とか、「願えば夢はかなう」などという安直な言葉に乗せられ、夢物語を思い描いて満足するだけの夢想家になってはいけない。

覚悟とは、迷いを捨て去り、道理を悟ること――まさに覚悟こそ、あなたに偉大な仕事をさせてくれるエネルギー源。覚悟がなければ、偉大な仕事を成し遂げることなど到底できない。

「覚悟」と「妥協」は、対極にある。ともすれば安易なほうに流れて自分をごまかしてしまうが、妥協が心にはびこった時点で、その人間は堕落する運命にある。

窮鼠《きゅうそ》猫を噛む。豊かになるにつれ、人はこの心理状態から、どんどんかけ離れていく。だからときには、意識的に逃げ場をなくしてみよう。自発的に自分をピンチに追い込むことで、潜在能力は十分発揮されるようにつくられている。

他人を大事にする人が、一番大事にされる。「大事にする」とは、気にかけ、声をかけるということ。

野手に関しては、
僕以外のみんながカバーして、折れかけた心を支えてくれました。
その中でも存在が大きかったのは、ムネ（川崎宗則《むねのり》）、青木（宣親《のりちか》）、
ナカジ（中島裕之）の3人と、稲葉《いなば》（篤紀《あつのり》）さん。
結果が出ない選手に近寄っていくことは難しいものです。
でも彼らは意識的に声をかけてくれて、
結果に対するネガティブな意識を持っていることを
感じさせないようにしてくれた。

（09年第2回ＷＢＣに出場したチームメイトについての言葉）

人間は一人では生きてはいけない。いくらイチローが孤軍奮闘しても、チームを勝利に導くことはできない。それを彼は痛いほど理解している。

自分が周囲の人たちに支えられて生きていることを常に忘れずにいれば、自然と感謝の気持ちを周囲に示すことができる。

コミュニケーションこそ、人間関係を好ましいものに導く大きな要素。普段から「声かけ」の大切さを意識して、素直に、そして積極的に感謝の言葉を伝えれば、あなたの人望は間違いなく高まる。それだけでなく、周囲の信奉を獲得して、驚くほど仕事がしやすくなる。

逆境のときほど、チームメイトの援助が何よりも嬉《うれ》しい。それはイチローとて例外ではない。第2回WBCでも、彼は自分から進んで他の選手とコミュニケーションをとろうと努め、さらに感謝の念を率直に言葉に表した。

「相手に好意を示せば、相手から好意が返され、悪意を示せば悪意が返される」という「好意の返報性」は、覚えておいてよい心理法則である。

率先して周囲の人と、コミュニケーションをとろう。

本気だから、緊張する、あがる、力む。
無理にリラックスしないほうが、
うまくいく。

力を抜いていく、というよりも
思いきり力んでいきたい。

（09年第2回ＷＢＣに臨む心構えについて語った言葉）

真剣にとり組んでいる野球において「楽しむ」とか「リラックスする」とかいう気にはとてもなれない、というイチローの思いがこの言葉に滲《にじ》みでている。

彼の心には、何としても目の前の仕事に集中しなければならないという思いが常にある。だから、「楽しむ」とか「リラックスする」といった表現は、イチローには馴染《なじ》まない。

リラックスが必要なのは、趣味や娯楽に興じているとき。

スピードを問われる仕事や、難しい仕事、危険な業務に従事するときに、そんなゆるい心理状態で臨めば、不注意なミスをしでかしてしまう。もちろん、力みすぎてもいけないが、適度な緊張がなければならない。

自分が最高のパフォーマンスを発揮できる適度な力みを、感覚として体に覚えさせよう。それが仕事をうまく運ぶキーとなる。

ときには、思いきり力んで、とり組む。

ピンチは、神様からの最終試験。打開した瞬間、一気にあなたのレベルはあがる。

みんなとの距離を縮めようとしていたわけではないし、
それが目的となっていたら距離は縮まらなかったと思います。
僕はあのときの自分と正面から向き合わなければならなかったし、
変えたくなるところを投げださないで、
そこから何とか光をつかもうとしなくてはなりませんでした。
それを僕はチームの中では隠していなかったので、
ひょっとしたら
そんなところを見てくれていたのかもしれませんね。

（09年第2回ＷＢＣに出場したチームメイトについての言葉）

苦しさを乗り越えることで新しい才能が手に入ることを、これまでの人生で体感してきたから、イチローはどんなピンチに遭っても決して逃げない。

ピンチにパニックになって、逃げようとすれば、事態はますます悪くなるだけで、とても進化などできない。

実は「自信」とは、うまくいったことにより獲得できるのではなく、困難を乗り越えたときに根づく。うまくいったときに得るのは、自信ではなく過信である。たまたま運良くことが運んだときは、特にそうである。

つまり、実力は、逆境のときにしか獲得できない。

ピンチになっても、決してうろたえずに、最高の心理状態でベストを尽くそう。ピンチと格闘することを楽しんでこそ、あなたは新しい才能を手に入れることができる。

策をめぐらせ、ピンチを楽しむ。

1人の前でも、100人の前でも変わらずに、力を発揮できる人がチャンピオンになる。

「ここで打ったらえらいことだな。打たなくてもえらいことになる。日本での視聴率もごついな。ここで打ったら、オレ、持ってるよな……」

そんなことが頭に浮かぶときはろくな結果になりません。

でも浮かんでしまった以上、消すこともできないから、こうなったらこの流れに便乗したれと思って、ちょっとした実況中継が始まったんです。

「さあ、この場面でイチローが打席に入ります！」みたいにね。


（09年第2回WBC決勝の対韓国戦で、10回表の決勝打を打ったことを振り返っての言葉）

第2回WBC決勝の対韓国戦で放ったイチローの決勝打は、野球の歴史に語り継がれるだろう劇的なヒットとなった。プレッシャーを見事に味方につけたイチローの真骨頂が、この一打に凝縮されている。

偉大なアスリートの共通点の一つは、プレッシャー耐性に優れていること。大舞台の修羅場が彼の才能を育ててきたといえる。

プレッシャーを敵に回すか、それとも味方につけるか。それがその人間の運命を決定づけることも珍しくない。プレッシャーのないところですごいパフォーマンスを発揮できても、肝心の本番で使えなければ意味がない。あるいは、プレッシャーのかからない本番では、馬鹿力なんか出ない。

これはビジネスにも、そのまま適用できる。もっとプレッシャーのかかる場面を日常につくりだし、その息苦しくなる緊張感を、精いっぱい楽しもう。それがあなたにホームランを叩きだす、すごい実力をつけてくれる。

息苦しいほどの緊張感を、楽しもう。

「気づいたらやっていた」そんな野性を目覚めさせるコツ。

いろんな要求があると思いますが、
具体的にハッキリしていたのは、
目でボールを見ようとしていたことです。
体で見るのではなく、目で見るから、始動が遅くなってしまう。
知らないピッチャーが出てくると、
どうしても目で見てしまいがちなんです。
初めての相手に対して、いきなり体でボールを見るのは難しい。
ずっと、そのこととの戦いでした。

（09年第2回ＷＢＣの序盤戦で打てなかったことについての言葉）

イチローの打撃における成功の理由の一つは、ボールの見極めが他の選手よりも明らかに早いことにある。

「咄嗟《とっさ》の判断」や「スピード感」が、一流と並の人間を隔てている。あるいは、パターンから外れたところで、咄嗟のチャンスを見逃さないのも、一流の人間の共通点。だが残念ながら、現代人からは、この偉大な能力は失われつつある。

パターン化された「画一的なトレーニング」や「論理に頼ること」は、人間の才能を奪っていく。なぜなら、論理に従った熟考は大抵の場合、感性に従った瞬時の判断に負けるからだ。論理に頼り賢明な判断をすれば、優等生にはなれるかもしれないが、絶対に天才にはなれない。

五感を研ぎ澄まし、論理を捨てて瞬時に判断する力を磨こう。運命を思い通りに変えていく感性や本能を呼び覚ますことができる。

1秒で、判断しよう。

結果を引きずらないことが、一番、簡単な成功法。

個人的には最後まで足を引っ張り続けました。韓国のユニホームを着て、キューバのユニホームを着て、最後にジャパンのユニホームを着ることができました。おいしいところだけ、頂きました。本当に、ごちそうさまッした。

（09年第2回ＷＢＣ決勝の対韓国戦で、10回表の決勝打を打ったことを振り返っての言葉）

第2回WBC決勝は5度目となった対韓国戦。それまで2勝2敗の互角。試合は3対3で延長戦へ。10回の表2死二、三塁で1番イチローに打順が回る。イチローは散々ファールで粘った挙げ句、その8球目を見事にセンター前に弾き返して2者生還、5対3とする。これが決勝打となった。その裏、ダルビッシュ有がきっちり抑えて日本チームの連覇が決まる。

こんな劇的な幕引きを誰が予想しただろうか？

「イチローならではの思考パターン」があったからこそ、こんなエンディングの演出ができた。その思考パターンとは、「どんな結果にも決して落胆しないで、次の打席でベストを尽くす」という、いたって単純なもの。

だがほとんどの人は、この当たり前のことがなかなかできない。人間は、結果に過剰反応してしまう動物なのだ。出てしまった結果は、過去の遺物。たとえゼロ行進が続いても、心も体も最高の状態で目の前のことに立ち向かえば、あなたも人生で見事な決勝打を打つことができる。

過去の結果を捨てて、目の前の仕事に没頭しよう。

覚えておきたい、「感情」と「成功」の法則。

僕は持ってますね。
神が降りてきたという感じ。
日本中のみんなが注目しているだろうと思って、
自分の中で実況して。
普段は結果が出ないんだけど、
それで結果が出て、壁を越えたと思います。

（09年第2回WBC優勝後インタビューでの言葉）

イチローは、どんな結果が出ても動じないし、結果にはほとんど反応しない。その思考パターンは、簡単なようで案外難しい。

結果とは、自分の行なったプロセスに間違いがなかったかどうかを検証するための一材料に過ぎない。

ちょっと困難な事態に陥っただけで、落ち込んでモチベーションを一気に下げる人間には、決して成功は訪れない。どんなによくない結果が出ても、命までとられるわけではない。そう開き直って、ピンチのときこそ高いレベルのモチベーションを維持しよう。

よくない結果に感謝できるようになったら一人前。なぜなら一流の人間にとっては、よくない結果こそが自分のモチベーションを引きあげてくれるからだ。ピンチに感謝できる人間だけが成功するように、この世の中はできている。

ピンチやスランプに、感情を乱さない。

みんな、超一流の人間を「演じる」うちに、そうなっていった。

あれは「おいしいとこばっかり持っていって！」って言われて……。
そう言われたら笑っちゃうじゃないですか。
まったくチームに貢献できず、
最後の最後でいろんなものをひっくり返すヒットを打った。
印象としてはそうでしょう。
だから、神が降りてきたという雰囲気で言っちゃいましたけど、
でも実はそんなふうに思っていません。
最後に溜まっていたものをちょっと吐きだした程度です。

（09年第2回WBC決勝の対韓国戦で、10回表の決勝打を打ったことを振り返っての言葉）

第2回WBCにおいて、長いスランプのトンネルを抜ける苦しみと戦いながらも、イチローは至って冷静を装ってバッターボックスに立ち続けた。心中には苦しみが充満していても、それを崩すことはなかった。淡々とした表情で偉大なバッターを演じ続けることは、それほど簡単なことではない。

欧米で「パフォーマースキル」と呼ばれる「演じる力」は、侮れない立派な才能である。一流の人間を忠実に演じることこそ、一流になる近道。

イチローはメジャーリーグデビュー以来、超一流のメジャーリーガーを迫真の演技で演じきることができたから、そのとおりの人間になった。

あるいはタイガー・ウッズは、世界一のプロゴルファーを演じることが最高にうまいアーティストだったから、そのとおりになれた。

優勝を決めたイチローが放った決勝打は、それまで結果が出なくても、一流のバッターを演じ続けたことによる、神からのご褒美《ほうび》なのである。

一流の人間を、演じきろう。

「こうしておこう」一歩先を見据えたら、自然と体は動きだす。

もう次のことを考えています。
その組み立てを、気持ちをどう持っていくか。
フィジカルのことよりも気持ちをどうやって持っていくか。
相手によってアプローチを変えていかなければならないと思う。

（自分のゲームへのとり組み方について語った言葉）

イチローのように、常に一歩先を見据えることこそ、成功に欠かせない要素である。一歩先を見据えることで、いまとるべき行動が明確になる。

まさに脳が出力する「直感」が私たちの未来の行動に大きな影響を与える。直感とは、自分の過去のキャリアに、脳が照らし合わせて行なう決断のことをいう。

一方、ヤマ勘は、素人考えの当てずっぽうのこと。ときには、「エイヤッ」とヤマ勘で決めるのもいいが、正しい選択をするのは、圧倒的に直感のほうである。

たとえば、あなたの運命という一本道が、目の前で、左右二手に分かれているとしよう。それが人生を左右する重要な分岐点だとする。左側の道を選択するか、右側の道を選択するか？　それはあなたの直感に委《ゆだ》ねられる。

常に一歩先を見据えていると、「何となくこの道を選択したほうがいい気がする」という直感が湧いてくることがある。その感覚を大事にしよう。あなたが考えている以上に、ことがスムーズに運ぶようになる。

「一歩先を見据えるトレーニング」をする。

成功は、ゴミ箱の中に転がっている？

とにかく、ムダなことを考えることですよ。
考えて、言葉にしようとしているうちに、パッとひらめく。

（05年シーズン終了後に、変化について聞かれたときの言葉）

成功したかったら、近道をしようとしてはいけない。

すでに成功した人の後追いをしても、大抵の場合、徒労に終わる。あるいは、他の連中と同じ画一的なトレーニングを繰り返しても、決して抜きんでることはない。だから二匹目のドジョウを追い求めるのはやめよう。

いますぐには成果に直結しないけれど、やっておいたほうがいいと思うことは、とりあえずやっておこう。そういうことを丹念に実行した人間だけが、宝の山にありつける。ムダと思えること、あるいは、まだ誰も知らないことの中に、宝の山が眠っている。

創造とは、何も大それた発明や発見ばかりを指すのではない。誰も気づかないようなちょっとした創造こそ、使える発見なのである。ムダを承知で、やれることをきっちりやっておけば、自然に創造力が生まれてくる。案外簡単に人生を変えるひらめきを得られる。

あえて、遠回りをしてみよう。

2章

「夢をかなえる力」が目覚める言葉

――記録を生み、ほしいものを手に入れる秘訣とは?

夢を〝正しく〟描いているか?

僕を目標にしているようでは僕は抜けません。

（09年第2回ＷＢＣでのチームメイトのコメントを聞いたときの言葉）

夢を描く作業において、日本人は至って控え目である。その証拠に、壮大な夢を周囲の人間に語れば、すぐに陰で「あいつは大風呂敷だ」と囁《ささや》かれる。しかし、もはや控え目な夢を描いていては、一流にはなれない。

あるときイチローはこう語っている。

「小学校のときから『あいつプロに入るんだってさ』と陰でよく笑われていました。でも、そうやって陰でコソコソ言われることが僕の性に合っている。そうでなくちゃいけない、とさえ思っている」

人間は、自分が描いた夢より大きな夢を実現することができないようにつくられている。だから、簡単に達成できるような夢は、いますぐ描き直そう。

最善の努力を重ね、さらに運までも味方につけて、ようやく達成できるくらいの壮大な夢でちょうどいい。半分しか達成できなくても、目いっぱい喜べるようなビッグな夢を打ち立てたなら、黙っていても願いをかなえるパワーは増す。

壮大な夢に、描き替えよう。

「なりたい自分」になるには、まず、「ほしいもの」を手に入れるといい。

これは、本当に必要なものだな、と思ったら、無理しても手に入れたいというのが、僕の考えなんです。

（06年年頭、家に投資をすることについて語った言葉）

「一番ほしいもの」に集中。

イチローは、自分にとって必要なものしか追い求めない。ただし、必要と感じたものは、とことん追求して、確実に手に入れる。それがすごい。

ほしいものを手に入れる一番の方法は、手に入れるまであきらめないこと。まさに「執着心」こそ、ほしいものを手に入れる強烈なパワーとなる。だが、何でもかんでも手に入れようとすると、どれも中途半端になってしまう。だからこだわりを持って趣味に興じるパターンを、そのまま人生や仕事に適用すればいい。

ほしいものをリストアップし、その中で一番ほしいものにエネルギーを集中させよう。それ以外のものは、勇気を出して削除しよう。

人が追い求めるものには、２つある。「なりたい自分」と「ほしいもの」。そしてこの２つを比べると、手に入れやすいのは圧倒的に「ほしいもの」。

だから、まずは、ほしいものを何としても手に入れよう。すると「なりたい自分」も案外簡単に手に入るのだ。

夢がかなう人、かなわない人。

ぼくの夢は一流のプロ野球選手になることです。
そのためには、中学、高校で全国大会へ出て、活躍しなければなりません。
活躍できるようになるには、練習が必要です。
ぼくは、その練習にはじしんがあります。ぼくは3歳のときから
練習を始めています。3歳~7歳までは半年くらいやっていましたが、
3年生のときから今までは、365日中、360日は、
はげしい練習をやっています。だから一週間中、友だちと遊べる時間は、
5時~6時間の間です。そんなに練習をやっているんだから、
必ずプロ野球選手になれると思います。

(小学6年生のときに書いた作文の冒頭の言葉。原文のまま)

小学6年生のときに、『夢』というタイトルで書かれたイチローの作文。ここにはプロ野球選手になるための「計画」が、ありありと描かれている。

彼は小学4年生のとき、野球はテレビで観るものではなく、球場の中でやるものだと悟ったという。「プロ野球選手になりたい」と願うのではなく「実現させる」と断言したのである。だからこの作文に書かれているのは、「どうすればそれが実現するか」という将来の戦略である。

成功者を見ると、夢に対して「かなったらいいな」という淡い気持ちを抱いている人は、まずいない。「必ず実現する」と断言する。

たとえば、ソニーの創業者、井深大《いぶかまさる》氏は、小さな町工場を立ちあげ、まだどんな商品をつくるかも定まらない時点から、「世界に名を轟《とどろ》かせる企業になる」と決めていた。断定することを阻害するものなど何もない。

願うのではなく断言することにより、夢は必ず実現する。

「夢は実現する」と断言しよう。

打席に立って四球を待っていたら記録はつくれない。

バッターは四球を狙って打席に立つべきじゃないですよ。打席に立つからには打たないと。

（打撃観について聞かれたときの言葉）

かつて王貞治さんは、〝ヒットを打ちたい執念〟にかけては、現役時代の自分より強い選手はいないだろうと思っていたそうだ。

しかし、イチローが08年に日米通算3000本安打を達成したとき、「彼は、かつての自分より強い執念を持っているのかもしれない」と感じたという。

誰より、その言葉を聞いて喜んだのは、イチロー自身だ。


ヒットでもフォアボールでも、打者が一塁に進むことに変わりはない。だからとにかく出塁を求められる1番打者には、「四球でもよし」とする選手が多い。ほとんどの人間は、こんなふうに周囲の状況に合わせて安易に妥協してしまう。しかしイチローは、それをよしとしない。あくまで「ヒットを打つこと」を目的に、打席に立つ。妥協できる結果など、最初から求めていないのだ。

妥協を許さない一握りの人間だけが、夢を現実に変えられる。


妥協しない。

自分の道をどんどん行こう。言いたいヤツには、言わせておこう。

僕は彼の代役ではありません。
ロドリゲスは内野手で、私は外野手です。
彼はホームランバッターだけど、私はそうではありません。
僕はファンに、
ありのままの僕を好きになってもらいたいだけです。

（01年メジャーデビュー当時、「主砲アレックス・ロドリゲスの代役としてプレッシャーを感じるか？」と聞かれたときの言葉）

イチローがマリナーズに入団したとき、主砲アレックス・ロドリゲスが抜けた。だから「代役」と言われたのだが、イチローはハッキリと「**彼の代わりになるつもりはない**」と言いきっている。

あくまで自分らしいプレーに専念し、まったく違った選手になることを宣言したのである。そしてその言葉どおり、自分のプレースタイルを貫き、それが大記録を達成し続ける結果につながっている。

あなたの「夢」は何だろう? その夢は、本当にあなたが望むものだろうか?

イチローの言葉は、たくさんの可能性や素晴らしいプロ思考を私たちに与えてくれるが、かといって私たちがイチローになれるわけではない。

「有名になる」とか、「金持ちになる」といった一般に言われる「成功」を潔く捨て去り、自分が本当に望む夢を追い求めよう。それが真の充実感を得る唯一の道である。

「自分が、本当に望むものは何か?」自分に問いかける。

「夢が実現するかどうか」は、自分が決めること。他人に決めてもらうことではない。

僕は小さいときから、
いつも周囲の「できないだろう」という声に
反発してやってきた。
全員で甲子園に行こうと言った以上、
どうしても、それをやり遂げたかった。
もう必死でしたから。

（高校時代に最も印象に残っていることについて聞かれたときの言葉）

「できる」と思って、行動する。

イチローにしても、少年時代には、「プロ野球選手になれるはずがない」とか「甲子園に行けるわけがない」という周囲の雑音と常に闘っていた。

「できる」と考えただけで実現するほど現実は甘くないが、「できない」というメッセージを発しただけで、夢が実現する確率はゼロになる。あるとき彼はこう語っている。

「**『できなくてもしょうがない』は、終わってから思うことであって、途中にそれを思ったら、絶対に達成できません**」

自信とは、自分でも不可能に近いとわかっていても、事前に否定的な言葉を発しないこと。たとえば、並のバッターは、打つ前から結果のことを考えている。一方、イチローのような偉大なバッターは、どんなに困難な場面でも結果を封じ込んで、「必ず成功する」と断言して本番に臨む。これも大切なメンタルスキルである。

どんな人でも新記録を打ち立てられる方法。

結局は、細かいことを積み重ねることでしか頂上には行けない。それ以外に方法はないということですね。

（04年10月、「ジョージ・シスラーのシーズン通算257安打の記録を破った秘訣は何か？」と聞かれたときの言葉）

考えてみれば、イチローの偉大な記録はすべて、たった1本の安打を、コツコツと積みあげることで達成された。04年のシーズン262本のヒットも、すべては、一本一本の安打の積み重ねにより実現したもの。

私たちはともすれば、できるだけ〝てっとり早く〟大きな成功を勝ちとることを考えてしまう。あるいは同世代の若い成功者に刺激されて、夢の達成を焦る気持ちが湧きあがってくる。

しかし「夢をかなえる」ということは、本来、長い時間を経て、コツコツと地道な努力を積みあげることで成し遂げられるもの。その証拠に、若くして効率的に高みに登り詰めた人ほど、その凋落《ちょうらく》も早かったりする。

焦ることはない。小さくて簡単な一歩を何度も踏みだし続ければ、どんな人でも必ず、自分が思い描く夢にたどり着くことができる。

小さく一歩を、踏みだそう。

夢は、遠足のようなもの。かなえる準備が、一番楽しい。

野球がうまくなりたいんですよね、まだ。そういう実感が持てたら嬉しいですね。それは数字には表れづらいところですけど、これはもう僕だけの楽しみというか、僕が得る感覚ですから。

（04年10月、ジョージ・シスラーのシーズン通算257安打の記録を抜いたあとで、今後の目標について聞かれたときの言葉）

イチローは、「**他人が言う成功なんて追いかけたくない**」のだ。

ヒットを何本打つとか、首位打者になるとか……これらの目標は、あくまで他人が期待する数字に過ぎない。数字を出すことより、自分自身を満足させることのほうが、何より大事。イチローはそう考えているはず。

イチローの目標をあえて掲げるならば、それは「**野球がうまくなりたい**」という原点にたどり着く。そのために努力に努力を重ね、「いまよりもっとうまくなりたい」という意識が絶え間なく繰り返される。偉大な記録は、この繰り返しによる結果として生まれた産物に過ぎない。

いつまでも「向上したい」「仕事をとおして自分を成長させたい」という気持ちを持ち続け、常に終わらない目標に挑んでいけば、いつの間にか、あなたが願う地位も報酬も、手に入っていることに気づくはずだ。

夢をかなえるプロセスに、本当の喜びがあると知ろう。

3章

「壁を突破する不思議なパワー」が湧く言葉

——どうしたらスランプやピンチを味方にできるのか?

壁を破るコツは、「接戦」を増やすこと。

可能性があることをこなしていくというのは、野球において基本的な姿勢。これが野球だと僕は思いますけど。

（09年シーズンのマリナーズが、バントなど小ワザを多用した攻撃が増えたことについて語った言葉）

接戦を、ジャンプ台にする。

世の中に「楽勝」は、ほとんど存在しないと考えたほうがよい。プロの真剣勝負では大抵の場合、接戦の連続。それを何とか勝利に導くのが、腕の見せどころ。イチローは、ぎりぎりのところでの勝負に命をかけている。

たとえば、内野安打である。イチローの場合、一塁ベースに駆け込んで、間一髪セーフという内野安打が驚くほど多い。

ぎりぎりのところで競り合うことを、他のどの選手よりもこだわり、大切にしたから、イチローは一流の仲間入りができた。

実際、人は接戦でしか、モチベーションがあがらないものだ。だからゴルフにはハンディが存在する。それに、楽勝しても、接戦で勝利したときほど、感激も大きくない。

接戦の機会を増やそう。たとえ負けたとしても、敗因をしっかり分析して次の勝ちに結びつく何かをつかんだなら、あなたは一つ成長したことになる。

動き続ければ
必ず突破口は見えてくる。

もがいても、もがいても、何を考えても、
何にトライしてもダメなときが人生にはあると思うんですけど、
そういうときこそ、
自分に重荷を課すということが、必要だと思うんです。
自分はできないかもしれないけど、
それをあえてやるぞっていうことは、
すごく大事なことだって、最近思いますね。

（仕事に対する考え方について語った言葉）

壁にぶち当たったとき、なぜ挫折するのか？

それは、「壁を乗り越えることを避けてしまう」からである。

実は、どんな問題にも、打開策はいくらでもある。時間をかける、スキルを伸ばす、発想を変える、他の人に協力してもらう等々。

だが、ほとんどの人が「あらゆる手を尽くす」ということをしない。最初から「自分には無理だ」と決めつけ、「できない」と考えて断念してしまう。

自己啓発の権威、ジョセフ・マーフィー博士は、「成功できない人の共通点は、頭の中で考えるだけで、実際の行動に移せないことだ」と述べている。

イチローもスランプに陥って、「この壁を乗り越えることができないのでは……」と思ったことがあるかもしれない。けれども「絶対にその先へ進む」という重荷を自分に課して行動したから、見事に壁を乗り越えてこられた。

あきらめないかぎり、どんな壁も必ず乗り越えることができる。


壁にぶち当たったら、もっと行動を起こそう。

これは、
「進むべき道が他にある」という
軌道修正《きどう》のサイン。

交通事故さえなければ、
きっとピッチャーを目指していたと思います。
でも、事故のおかげで速い球が投げられなくなった。
結果的に打者としてプロを目指すきっかけをつくってくれたのは、
この交通事故なんですね。

（人生の転機について語った言葉）

イチローのような天才に、挫折なんてない――事実はそうではない。

イチローは、高校2年の春に交通事故に遭い、右足のふくらはぎを痛める。そのときまでの彼の夢は、プロとしてマウンドに立つことだった。おそらく、相当ガッカリして「もう自分は投げられない」と、絶望に似た思いを持ったはずだ。しかし彼は、気持ちを切り替える。「ピッチャーではなくバッターとして」という、柔軟な発想で夢の計画を修正した。

「蚤《のみ》のサーカス」という言葉を聞いたことがあるだろうか？　蚤を、蓋《ふた》をした背の低い箱に閉じ込める。すると、何度飛び跳ねても頭をぶつけて出られないので、次第に高いジャンプをしなくなる。この時点で蓋をとってやっても、自分に限界を設けてしまった蚤は、もはや蓋の高さまでしかジャンプしない。

挫折したときの「自分はもうダメだ」というあきらめは、これに似ている。挫折をバネに、柔軟に方向転換する機動力が、夢の実現へと導いてくれる。

頂上までの「別ルート」を探そう。

結果が出ない原因がわかっているなら、それだけで成功に近づいている。

僕の中のスランプの定義というのは、
「感覚をつかんでいないこと」です。
結果が出てないことを、僕はスランプとは言わないですから。

（スランプについて聞かれたときの言葉）

イチローといえども、何打席もヒットに恵まれないことは珍しくない。09年の第2回WBCでも、ヒットの出ない日が続いた。もともとが打って当たり前のような選手だから、2試合結果が出ないだけでも周囲は大騒ぎする。

イチローは、仮にヒットが出ていなくても、日々の打席で「打つ感覚」をつかんでいるなら、それはスランプではないと思える。

仕事でもよく「スランプだ」と嘆く人はいるが、はたして本当にそれは「スランプ」なのだろうか。

日々、次につながる努力を積み重ねるかぎり、目には見えなくても成長はしている。それが結果につながるまで、少々タイムラグがあるだけだと考えてみよう。霧の晴れる日は必ずやってくる。

日々、全力でもがいている人に、スランプという言葉は存在しない。

勝利につながる「感覚」を信じよう。

できることを、すべてやったら、「なんとかなるさ」と笑っていよう。運が向いてくる。

バッティングは技術だけではどうしようもないっていうことを今年は思い知らされましたね。技術だけでは一年間、ヒットを打つこともできない。技術以外のところで完全にバランスを崩してしまったわけですから。もうめちゃくちゃ心が乱れたし、体もね。心の乱れからフィジカル面を崩してしまう可能性もあると感じましたね。

（05年シーズンを振り返ったときの言葉）

05年は、野球評論家が「イチロー低迷の年」と言ったほど、イチローは振るわなかった。むろん彼のことだから、首位打者争いにも加わっていたのだが、タイトルはとれず、チームの成績も芳しくなかった。それでも彼は、これで終わりはしない。06年の第1回WBCの優勝以後、小さなスランプはあっても、必ずそれを乗り越えて毎年偉大な成績を残し続けている。

心理学者のB・ワイナーは、「失敗の原因をどこに求めるか」を分析し、「原因帰属理論」を唱えた。原因は、①外的で変動的な要因（運など）、②外的で固定的な要因（問題の難易度）、③内的で変動的な要因（努力）、④内的で固定的な要因（才能）の4つに分けられる。このうち自分でコントロールできるのは、「問題の難易度」と「努力」だけだ。つまり、目標の設定値を変えるとか、もっと努力する以外のことでクヨクヨしても仕方がない。

「どうにもならないこと」ではなく、「何とかできること」に意識を向けよう。そうすれば、運が向いてくる。

「自分に解決できないこと」にクヨクヨしない。

最高の結果を出す人は、どこに、最もエネルギーを注いでいる？

完璧にはなれないとわかってはいますが、それに向かっていこうと思うのが野球選手だと思います。

（04年、メジャー年間安打記録を塗り替えたシーズン終了後に語った言葉）

私が好きな話に、「木こり」を題材にした寓話がある。2人の、同じ実力の木こりが、1時間でどれだけ多く木を伐《き》れるか競争をする。いざ、競争開始。ところが一方の木こりは、すぐに全力で伐る作業にとりかかったのに、もう一方は、なかなか伐りはじめない。結局、20分ほども経ってからようやく伐りはじめた。

1時間後、より多くの木を伐採したのは、どちらか?

すぐに伐りはじめた木こりが4本。20分遅れてとりかかった木こりは、6本の木を伐ったのである。はたして、彼は最初の20分間に、何をしていたのか?

実は彼は、のこぎりの切れ味を鋭くするために目立てしていたのである。

どんなに努力しても、才能を磨かないかぎり、思う存分力は発揮できない。

「とんでもない力」を生みだすには、とにかく才能を磨くことに時間を割こう。

結果が出なくて焦りを覚えるときこそ、才能を磨く時間を最優先で確保しよう。

「急がば回れ」の心境で才能を磨くことこそ、成功への〝特急券〟となる。

「才能を磨く時間」を確保する。

なぜ、あの人は面白くない練習を、淡々とやれるのか？

そりゃ、僕だって、勉強や野球の練習は嫌いですよ。
誰だって、そうじゃないですか。
つらいし、
大抵は、つまらないことの繰り返しですから。

（「野球の練習が好きか？」と聞かれたときの言葉）

イチローほど、コツコツと毎日の練習を積み重ねる選手はいない。

しかしイチローは、「**練習が嫌いだ**」とハッキリ言う。ならば、なぜ彼は素振りのような〝面白くない練習〟を、何十万回、何百万回も繰り返せるのだろう?

それは、練習の先に、磨き抜かれた自分の姿を見ているからだ。

マズローの「5段階欲求説」という有名な説がある。「生命の欲求」「安全の欲求」「所属と愛の欲求」「自尊心の欲求」と下から順にピラミッド型に積みあがり、頂点に「自己実現の欲求」が君臨するというものである。

神戸大学の金井壽宏《としひろ》教授は、最高レベルの「自己実現欲求」と、他の4つの欲求には根本的な違いがあると説く。他の4つが「欠乏欲求」なのに対し、自己実現だけは「存在欲求」なのである。

「存在欲求」は「欠乏欲求」と違い、満たされれば消えるというものではない。

どこまで努力しても、「最高の自分が見たい」という願望が尽きることはない。

「最高の自分を見よう」と思えば、つまらない作業もやり遂げる力が湧いてくる。


「練習」という名の税金を、先払い。

「自分にたりないところ」を活かしたなら、
誰にもマネのできない「型」ができる。

大事なのは、
自分の「型」を持っていないといけないっていうことです。

（テレビのインタビューで、「もっとパワーがあればと思ったことは？」と聞かれたときの言葉）

「イチローにもっとパワーがあったなら、ホームランを量産し、クリーンナップを打てるような打者になれるかもしれない」

そんな意見に対し、彼は「**パワーなんていらない**」と言う。それより現在、自分が持っている「型」を大事にしたいというのだ。

能の世界には「守《しゅ》・破《は》・離《り》」という教えがある。

最初に徹底的に基本を身につけるのが「守」。その後、基本を破って自分なりのやり方を盛り込む「破」の段階に至り、ついには基本から離れ、自分独自の「型」を確立する「離」の境地に至る。

誰にでも、最高の力を発揮できるその人だけの「型」がある。

「自分にも、あんなことができたら……」と、たりないところを嘆くより、自分だけの「型」をつくりあげるほうが、結局早く夢にたどり着ける。もちろん、それまでには、徹底的に基本型をマスターする必要があることは言うまでもない。

徹底的に「型」をつくりあげよう。

つけ加えることをやめ、削りとることでワザは磨かれる。

いまでも、
ブレない自分というのが完全にできあがっているわけではないのですよ。
ただ、そのときどきに感じたものを
削除するという行為を繰り返してきただけなんです。

（自分のバッティング技術について語った言葉）

自分の「形」に徹底してこだわることが、人生を成功に導く切り札となる。「形」に関して、イチローはこう語っている。

「自分の『形』ができていない状態では、いろいろなことを感じられません」

自分の「形」を確立するためには、不必要なものを徹底して削るという意識を持つこと。

何かを生みだすことだけが独創性ではない。いまあるものからムダなものを削りとる作業も、立派な独創性なのである。

事実、自分の「形」に固執すれば、つけ加えるよりも削る作業のほうが多いことに気づくはずだ。「勉強」とか「学習」は日本人の得意ワザ。しかし、勉強しすぎることとは、独創性を喪失させる。その事実をイチローは痛いほど知っている。

間違っていてもいいから、執着心を持って自分の「形」を確立することに命をかけよう。仕事に自然に独創性が生まれ、新境地に到達できるだろう。

思いきって、削ろう。

難しい「ゲーム」ほど、面白い。仕事も同じ。

ピッチャーもキャッチャーも、
イヤなところをついてくるわけですね。
だから、それを跳ね返したときの気持ちといったら……!
たまらないです。

（バッティングの面白さについて語った言葉）

普通、バッターは、ピッチャーの投げた「甘い球」を狙って打とうとする。むろんイチローも「甘い球」は見逃さない。それ以上に、彼はピッチャーが投げる「最高の球」を打つことに醍醐味《だいごみ》を感じている。つまり、難しい球をあえて打ちにいくのだ。

それだけでなく、イチローは誰もが使いたがらない細いバットを好む。太いバットのほうがボールを当てる確率は断然高くなるが、あえて難しい細いバットで、狙ったところに正確に打ち返すことにこだわるのだ。

なぜイチローがそんな難しいことに挑んでいるのかといえば、やはり「そのほうが面白いから」としか言いようがない。簡単にできることばかりやっていても、飽きてしまう。チャレンジするから、仕事も人生も面白くなる。逆に言えば、行く手に立ちふさがる壁は、すべてが自分の成長の証。いったいどのレベルまで自分を高められるか？　それをためすことに生きがいを見いだそう。

厳しい局面になったら、「ゲーム感覚」で臨む。

準備に200％のエネルギーを注ぐから、本番で120％の力を発揮できる。

ハイレベルのスピードでプレーするために、
僕は絶えず体と心の準備をしています。
自分にとって一番大切なことは、
試合前に完璧な準備をすることです。

（準備をすることの大切さについて語った言葉）

バッターボックスに入るまでのほんの短い間、イチローが何をやっているかご存知だろうか？　テレビに映ることはあまりないが、この間イチローはずっとウエイティングサークルで、入念にストレッチをしている。ピッチャーとの勝負が始まるまでに、心身を最高の状態に持っていくための彼特有の儀式である。「決め事」をきっちりこなすことで最高の心理状態で本番に臨めるのだ。

基本的にアスリートにとっての勝負は、本番前に決着している。本番では、ただやるしかない。そして最高の準備で本番に臨むことが、私たちから限界以上の力を引きだしてくれる。

ビジネスでも、プレゼンやスピーチがうまい人がいる。周囲はそれを才能だと思うかもしれないが、実は、そんな人にかぎって入念な下調べをし、リハーサルを真剣にやっているものだ。

できるかぎりの準備をすることこそ、本番で実力を発揮する特効薬である。

200%の準備をしよう。

うまくいかせたいと、心の底から願おう。
思い入れが強いほど、
困難なときも乗りきっていける。

あのヒットの1本がどれだけ嬉しいか。
もちろん、そのそぶりは見せないですよ。
でも、ヒット1本って、飛びあがるくらいに嬉しいんですよ。
実は、03年の200本安打のときなんて、涙が出ましたから。

（「どれだけ苦しい思いをしたか？」と聞かれたときの言葉）

イチローがヒットを量産できるのは、それだけ「ヒットを打つ」ことへの思い入れが強いからだ。クールなように見えて、本当は飛びあがるほど嬉しいのだと、取材では語っている。

逆に不調で苦しいときも、「ヒットを打ちたい」という強い思い入れがあるからこそ、彼は挑戦し続けることができる。もし願望がそれほど強くなければ、「もういいや」と考えて努力を怠ることになってしまうだろう。

あなたはどれだけの思い入れを持って自分の仕事にとり組んでいるだろうか？もうイヤになった、やる気が起こらない……。それでは仕事がうまくいくわけがない。仕事への思い入れが強ければ、確かにうまくいかないと落ち込みはするが、あきらめモードには陥らない。

「うまくいったとき」には、全身でその喜びを味わい、その快感を脳に焼きつけよう。そうすれば、「また、こんな喜びを何度も味わいたい」と、願望の力を自然に高めることができるようになる。

喜びを、脳に体に、染み込ませよう。

4章

「特別な出会い」を引き寄せる言葉

——素晴らしい師に出会うとき

無条件で「君ならできる」と背中を押してくれる人が本当の師。

僕は愛工大明電高でいろんなことを教わったというより、自分で学びました。
中村先生が、常に自分たちで考えるように仕向けてくれたからよかったのでしょう。

（愛工大明電高野球部の中村豪《たけし》監督について語った言葉）

イチローに最初に野球を教えてくれたのは、父親、宣之《のぶゆき》さん。彼を最初の師とすれば、もう一人の師は愛工大明電高野球部の中村豪監督（当時）だろう。

実はこの二人には、共通点がある。それはイチローの夢に対し、決して「無理だ」などと否定しなかったことだ。普通の親なら、子どもが受験期になれば、「野球ばっかりやっていないで勉強しろ」と言いそうだが、宣之さんは、「毎日、努力をずっと続けていれば、その遙か彼方《かなた》の一本のロウソクの灯りにたどり着くことができる」と励ましたという。中村監督は、生意気ともとれるイチローに対し、厳しいながらも自主性に任せる練習を繰り返させたという。

相変わらず日本の企業社会では、メンバーの発案を、「そんなのは無理だ！」「できるわけがない！」と封じ込めるような風潮がある。それではメンバーが、リーダーを超えて大きくなるのは難しいだろう。

その意味で、「夢を認めてくれる師」に出会ったイチローは幸せ者である。

「無理だ」「できない」と言う人とは、距離を置く。

「次こそ勝ってやろう」とワクワクした瞬間、
相手のレベルを超える道が開ける。

完全に松坂君にやられました。
だから、「次の登板はいつなんだ」と考えていました。
（99年、100号ホームランを松坂大輔投手から打ったときの言葉）

あるとき松坂大輔投手がこう語っている。

「かつてイチローさんに『**お前はオレが打席に立ったときだけ、何であんなすごい球を投げるんだ**』と言われたことがあるけど、『それはイチローさんだからです』と答えるしかなかった」

現在、イチローと松坂投手は、メジャーリーグではライバル同士。しかしWBCの日本代表では、ともに優勝を目指して支え合う力強い仲間同士だった。

実はイチローは、記念すべきプロ100号ホームランを、松坂投手から打っている。しかし99年のこのシーズン、彼はこのホームランを打つ前の対戦で、連続3三振という屈辱を味わっている。ホームランを打った日も、4打席目までは完全に打ちとられていた。しかしイチローは、「コイツにはかなわない」とは思わなかった。「次の対戦はいつなんだ?」と心を躍らせて次の機会を待ったから、ホームランを打てたわけである。

「次はやり返す」というリベンジの精神が、私たちを成長させてくれる。

ライバルに、リベンジ。

自分が最も力を出せる組織こそ、理想の組織、最高の職場だ。

今シーズン、ここまできて思うのは、プロとして勝つだけが目的ではない。これだけ負けたチームにいながら、最終的にこんな素晴らしい環境の中で野球をやれているということは、勝つことだけが目的の選手だったら不可能だと思うんですよね。

（04年10月、ジョージ・シスラーのシーズン通算257安打の記録を抜いたあとの言葉）

イチローが所属するシアトル・マリナーズは、決して強いチームではない。優勝の二文字からはここ何年も遠ざかっているし、過去の栄光でもニューヨーク・ヤンキースやボストン・レッドソックスとは比較にならない。しかし、彼はマリナーズでプレーすることを誇りにしている。「**素晴らしい環境の中で野球ができるからこそ、自分は結果を出している**」という思いがある。

あなたにとって理想の会社とは、どんな会社だろうか？　リクルートがかつて「学生時代に望んでいた働き方」についてアンケートしたとき、最も高い関心事は「興味・関心に合った分野で働く」ということだった。次が「成長の実感を得ながら働く」。「高い報酬や待遇」などは、5番目の要素に過ぎなかった。「もっと大きな会社で働きたい」「有名な会社に行きたい」と感じたら、「そこで本当に自分の力が発揮できるのか？」こう自問しよう。

自分が最も力を発揮できる場所を求める気持ちを忘れない。

「ありがとう」――感謝の気持ちは、
あなたを成功に導く
尽きることのないエネルギー。

胴あげが終わって間もなくしたら、
仰木《おおぎ》さんのことを考えていた。

（06年第1回ＷＢＣで優勝したときの言葉）

05年に他界したオリックス時代の仰木彬《あきら》監督は、イチローにとって生涯の恩人と呼べるだろう。イチローが型にはめられて悩んでいたとき、仰木さんはあえて自主性を重んじて、好き勝手にやらせる方針を貫いた。

おかげで低迷していたイチローは見事によみがえり、入団3年目にして初めて首位打者になる。イチローは、そのときの感謝の気持ちをいまも忘れていない。だから日本代表チームが世界一になったとき、真っ先に恩師への思いが頭をよぎる。彼の家には、いまも仰木監督の写真が飾られているそうだ。

イチローにはもう一人、恩人がいる。彼のドラフト指名を決断したオリックスの元スカウト、三輪田《みわた》勝利《かつとし》さんである。残念ながら彼は野球界のトラブルに巻き込まれ、98年に自ら命を絶つ。シーズンオフになると、イチローは必ずその墓所を訪れる。

遠く離れ、会えない間柄になっても、感謝を忘れず、その恩に恥じない気持ちが、自分を動かす強いエネルギーとなる。

応援してくれる人に、感謝。

「本当にすごい自分」を引きだしてくれるのは、この人。

自分の技術に自信を持つ前は、相手のミスを待っていたんですけど、
技術に自信を持ってからは、相手のベストを待っている。
だから難しいんです。
本当にベストだったと思うためには、自分だけでなく
相手のベストも必要になる。

（05年シーズン前に、「自信」について聞かれたときの言葉）

イチローは自分がベストな結果を出すために、相手ピッチャーにもベストな状態であることを望んでいる。相手がいくら素晴らしい大投手でも、調子の悪いときだったら、いくらでも打ち崩せる。でもそれでは自分の力で打ったことにはならない。

あくまで素晴らしい投手の、最高のボールを打ってこそ、本当の成長と満足感が得られる。相手のミスばかり期待していては、大成することなどできない。

これはピッチャーでも同じこと。絶好調の打者に勝つことで成長を望む。一流同士の勝負とは、そういうものだ。

自分が評価されるために、あるいは自社が売上を伸ばすために、相手を「蹴落としてやろう」とか「足を引っ張ってやろう」などと考えていては、いつまでも成長できない。相手がベストでいて、お互い切磋《せっさ》琢磨《たくま》するからこそ、ともに飛躍していけるのである。

「ライバル」に拍手をおくって、ともに飛躍しよう。

「この人にはかなわない」という人を追いかけよう。

話している表情とか、よどみのない目。真っ直ぐこの世界で突き進んでこられたことが伝わってくる。王監督に見られると、ちょっとかなわないなと思う。僕の数少ない、尊敬する方ですよね。

（06年第1回ＷＢＣの、王監督の印象を振り返っての言葉）

「現役時代、選手のときに、自分のためにプレーしていましたか、それともチームのためにプレーしていましたか？」

06年の年明け、イチローは王さんと会食する機会を持ったとき、思いきって、こんな質問をしたという。王さんの答えはこうだった。

「オレは自分のためだよ。だって、自分のためにやるからこそ、それがチームのためになるのであって、チームのために、なんていうヤツは言い訳するからね。オレは監督としても、自分のためにやっている人が、結果的にはチームのためになると思うね」

確かに王さんの残した868本という通算ホームランの記録はすごい。しかし、イチローの心を動かしているのは王さんのホームラン記録ではなく、人柄なのだ。王さんの持つ人徳や選手への包容力の大きさに、イチローは惚《ほ》れるのである。

あなたが慕う師は誰だろう。いますぐそんな人物を見つけよう。その人を目標にするだけで自然にモチベーションがあがり、仕事が楽しくなるはずだ。

モチベーションをあげてくれる、師をつくる。

自分自身を変えられるのは、結局、自分なのだ。

もし、僕のアドバイスをそのまま活かしてくれたら、嬉しいですね。
よくない状態のとき、原因を考えてみて、
こうじゃないかと思ったことをやってみる。
それでもし何かを感じとることができたなら、それは自分で自分を
コーチしたのと同じなんです。

（02年、マニー・ラミレスが首位打者に立ったとき、彼にアドバイスしたことを聞かれたときの言葉）

02年、レッドソックスのマニー・ラミレスが、その年の首位打者に輝いた。このときのイチローの成績は4位。この年のオールスターゲームで打撃練習をしていたイチローに、ラミレスがアドバイスを求めてきたのである。それだけでなく彼はロッカールームやシャワールームでも、イチローに意見を求めてきたという。

実はラミレスは、この年、カーブにタイミングが合わなくて、相当苦労していた。自分でその解決法がわからないから、イチローにアドバイスを求めたのである。そこにはライバルのわだかまりも、プライドへの固執もない。

イチローもそれに応え、快く意見を述べたという。その結果、ラミレスはその年、大活躍して首位打者になる。イチローも「教えなきゃよかった」ではなく、素直に自分がアドバイスできたことを喜んでいる。

優れた人には積極的に教えを乞う。そして自分の得意な分野について聞かれたら、素直に答える。それがお互いにとっての、最高の出会いになる。

優れたアドバイスを、受け入れよう。与えよう。

5章

「チームを勝利に導くリーダーシップ」がつく言葉

——なぜあの人に、ついていきたくなるのか?

本当のチームワークとは、何だろう？

「仲間」っていう意味を、
日本の人たちは違う感覚でとらえていると思うことがありますよね。
試合が終わって一緒にご飯を食べにいくとか、
同じホテルに泊まっていて
わざわざノックをして連れ立って食堂へ行くとか。
一緒にトイレまで行っちゃったり（笑）。
そんなの仲間でも何でもないと思うんですけどね。

（「仲間意識についてどう思う？」と聞かれたときの言葉）

メジャーリーグは、「個性」を競い合う世界。むろん野球は一人でできるものではなく、連携プレーが必要だが、一流の人間同士は互いに個性を存分に発揮することで自然に連携がとれる。だからそれぞれが個性を磨くことに専念する。

一方、日本人が好む「チームワーク」とは何だろう？　これを、欧米人の感覚で表現すれば、〝馴《な》れ合い〟である。日本人は会議でも自分の意見を強固に主張することはないし、上司や顧客と対等な立場で議論することも少ない。日本でソフトブレーン社を創業した中国人の宋文洲《そうぶんしゅう》氏は、「営業会議」の場で、役員だけが滔々《とうとう》と喋り、「そういうことで、終わります」と散会するのに大変驚いたという。

組織の中でうまく生きていく術として、日本人はどうしても自分を抑え、「みんなと一緒」を重んじがちだ。でも、その発想であなたは最高の成果をあげることなどできない。

企業も、メジャーリーグ同様、個性あふれるプロが集まって、最高の結果を出す場である以上、あなたの個性を目いっぱい発揮することが求められるのだ。

人に合わせるより、自分の個性を磨こう。

リーダーに向く人、向かない人。

（必要とするチームとしての共通認識は）向上心です。
チームには強いリーダーが必要という安易な発想があるようですが、
今回のチームには、まったく必要がなかった。
外からはリーダーのように言われたが、
まったくそんなことはなかった。
それぞれが強い向上心を持っていれば、必要ない。
むしろ、そんなものはないほうがいいと思いました。

（09年第2回ＷＢＣにおけるチームリーダーの存在について語った言葉）

飽くなき向上心が人間を進化せてくれる。まさにあのマズローが提唱した「自己実現の欲求」こそ、イチローを偉大なバッターに仕立てた要素である。

もちろん、いくら向上心があっても、高い志がなければ、夢をかなえることなどできない。なぜなら、志が低いと、努力することなくすぐに目標に到達してしまい、妥協がはびこるからだ。そこから長い停滞が訪れることも珍しくない。

著名な心理学者ド・シャームは人間を2つのタイプに分類した。1つは向上心を持った「指し手型人間」、もう1つは、指示がないと動けない「駒《こま》型人間」。

これからの時代は、「指し手型人間」しか生き残れない。まさにイチローは指し手型人間の典型例。将棋をイメージしてほしい。指し手型人間は、指示されなくとも常に向上心を持って、高い志を実現するために努力し続けることができる。一方、駒型人間は、自立心がなく、志が低いから向上心も育たない。

高い志を持って、日々一歩前進の覚悟で、全力を尽くそう。それが周囲の人を惹《ひ》きつけ、結果的にチームの結束力を強くする。

「指し手型人間」になる。

「背中」を見せるのがみんなを動かす一番の秘訣。

前回もキャプテンが誰かなんて決まっていたわけじゃないんですから、決める必要はないんです。チームがまとまるというのは、自然発生的なものだと思います。

（09年第2回ＷＢＣにおけるキャプテンの自覚について語った言葉）

第2回WBC日本代表チームの全選手の心に、チームリーダーとしてのイチローの存在が自然発生的に生まれたことが、連続制覇の一因である。

自然発生的リーダーのいるチームは強い。なぜならイチローのフィールド上の雄姿に引っ張られ、他の選手のモチベーションは自然にあがるからだ。

あるとき、イチローはこう語っている。

「僕ができることは、メジャーのどんなにすごい選手にも、僕たちは対等に渡り合えるんだということを、しっかりと伝えることなんじゃないかと思います」

心理学者ホワイトとリピットの実験でも、「専制型リーダー」、「民主型リーダー」、「放任型リーダー」の中で、最もメンバーのモチベーションがあがったのは、民主型リーダーだった。次が専制型リーダー、最悪だったのが放任型リーダー。

チームリーダーが、「上から目線」でメンバーに指示するよりも、率先して先頭に立つ姿をメンバーに見せるだけのシステムのほうが、明らかに成果があがるのだ。これは知っておいていいリーダーシップの基本原則である。

「民主型チームリーダー」を、目指そう。

「チームワーク」という言葉は禁句。その理由は……

9連敗のあとなんで、チームの雰囲気は最悪でしたけど……。でも、どんなときでも、個人の仕事はやらなきゃいけないと考えています。

（07年、7年連続の200本安打を達成したあとの記者会見での言葉）

ことさら「チームワーク」を強調しない。

チームを強くしたかったら、「チームワーク」という言葉を、ことさら強調してはいけない。

実は、「チームワーク」という言葉は、少なくともプロの集団ではあまり使われるべき言葉ではない。実際、アメリカのプロ集団においては、ほとんど使われない。なぜなら、個の力を高めるという意識がメンバーの心の中で弱まってしまい、かえってチーム力は高まらないからだ。

本来、「チームワーク」という言葉には、「弱者救済」の意味が含まれている。たとえば、急流を渡るときに大人が子どもの肩を抱きかかえて渡らせてやる場合に初めて、チームワークという言葉が使われる。

強い個の集団であるべきプロのチームでは、ひとまずチームワークを封印して一人ひとりが個の力を発揮することに全力を注ぐといい。そうすればメンバー相互に「阿吽《あうん》の呼吸」が働いて、自動的にチームワークも形成され、チームを勝利に導くことができる。

リーダーは、これくらい欲張りなほうがいい。

日本一を手に入れて、
「これでもう、やることがないだろう」と言われましたが、
そんなことはないんですよ。
僕らの優勝にかぎっては、
まだまだ強くなるためには、たりないものばかりだったですから。
やることが増えてしまった感じです。

（96年、オリックスが日本一になったときの言葉）

日本シリーズで優勝し、文字どおり「日本最強チーム」の称号を得て、誰もが最高だと讃《たた》える場面にあっても、イチローは、「まだまだ自分たちには課題がある」と考えていた。「それを克服することによって、もっともっと自分たちは強くなれるのだ……」と。

仕事の成功体験は、ときに足枷《あしかせ》になることがある。いつしか〝成功パターン〟に固執して、新しい挑戦を避けてしまい、その結果、頂点から転げ落ちる人や企業はあとを絶たない。だからチームリーダーは、一つの成功体験に、いつまでも固執してはいけない。常に「自分たちはもっと上に行けるのだ」と、仲間を鼓舞しよう。

イチローは最高の勝利をつかんだときも、その栄光に目をくらませることなく、真摯《しんし》に自分の不完全さに目を向けることができる。そしてさらなる成功を目指す。そんな人間が一人いれば、チームはより高みに突き進むことができる。

過去の成功体験に、縛られない。

「生意気だ、自信過剰だ」と、
叩かれるような人に
人はついていく。

言ってもらえば、センター返しはいつでもできます。
（愛工大明電高の野球部で、初対面の中村豪監督に言った言葉）

「センター返しはいつでもできます」

高校の野球部に入部したばかりのイチローは、自信を持って監督にそう言いきった。少しムキになった監督は、「それならワシの目の前で打ってみろ！」と、3年生のバッティング投手にスタンバイさせ、投げさせた。

その7割近くのボールを、イチローはセンターに弾き返したという。イチローのこうした発言は、自信過剰とも、生意気ともとられるかもしれない。

たとえばあなたがリーダーなら、チームが困難な状況に陥ったとき、メンバーに何と声をかけるだろう？

「大丈夫、オレが保証する！　この状況は必ず切り抜けられる！」

そう言わなければ誰もついてこない。リーダーの肯定的な励ましがあるからこそ、メンバーは頑張れる。「できる」とか「やれる」というリーダーの激励があって、初めて、周囲の人間を納得させて動かすことができる。

自信を持って、「できる」と宣言する。

リーダーは、チームの「発火装置」。メンバーを熱くして、燃えあがらせるのが仕事。

日の丸を背負っているのが僕のモチベーションで、感情的になっている原因だと思う。

（06年第1回ＷＢＣに出場したときの言葉）

記憶に新しい09年の第2回WBCにおける日本代表チームの優勝。遡《さかのぼ》ることその3年前も、初めてのWBCで日本チームは優勝をはたした。監督は王監督から原監督に変わったが、チームキャプテンの役割をはたしたのは1回目も2回目も同じ、イチローで間違いなかったはずだ。

第1回目のWBC、対アメリカ戦での話である。結果は、3対4で惜敗。優勝は絶望的だと思われていた。

チームに落ち込みムードが蔓延《まんえん》したとき、イチローは自ら音頭をとり、選手全員をロサンゼルスの焼肉店に招集する。そして普段のイチローの冷静さからは想像もできないほどの高いテンションで、チームのムードをガラッと変えた。

みんなと一緒になって落ち込んでいても何も変わらない。勝利をつかみたいなら、理屈抜きに自分だけはモチベーションをあげ続けよう。そうすることでチームの発火装置になれるリーダーだけが、これからの時代に生き残ることができる。

チームをまとめたい思いを、「行動」で示そう。

1つ達成したら、2つ目の欲を出そう。2つ目の欲を満たしたら、3つ目の欲を出そう。

想像していた以上でした。
間違いなく一生忘れることのできない日。
そして最も特別な日になるでしょう。（中略）
ただ、今日のことは今日で終わり。
日付が変われば、
また次の日のことを考えなきゃいけないと思います。

（01年、メジャーデビューしたゲームのあとの言葉）

イチローは、01年にマリナーズでメジャーデビューをはたし、その日のゲームは2安打の活躍で、チームの勝利に貢献した。不安いっぱいで臨んだ未知なるメジャーリーグの初戦で打ったヒットの喜びは、ひとしおだったと思う。

そのときのイチローのこの言葉は、毎日を丹念に生きながら、しかも完全燃焼させることの大切さを、私たちにわかりやすく教えてくれる。

仕事でも、チームが一体となり大きな結果を出したら、喜ぶべきことであるし、盛りあがるのもいいだろう。でも、忘れてはならないのは、仕事とは半永久的に続く道のりだということ。大きな目標を達成したら、さらに大きな目標が次に待っている。

「成功体験」は、ときに人を守りに入らせる。だから大きな成果をあげたときこそ、リーダーは「次へのチャレンジ」をメンバーに示さねばならない。そんなリーダーの巧みな誘導が、メンバーをさらなる大舞台へと導くのである。

大きな目標を達成したら、すぐに次の大きな目標を意識しよう。

高く売れる人。その見逃せない自己アピールの仕方。

アマチュアではないので、勝つことだけが目標ではありません。プロとして、自分がどういうプレーをするのかが大事です。

（プロとしての自覚について語った言葉）

多くの人々がイチローに魅力を感じるのは、彼がチームの勝利に貢献する素晴らしい選手であるからだけではない。あらゆる打席でヒットにこだわり、守るときも全力でプレーをする姿に、私たちファンは感動するのである。

イチローのように「お客さんを満足させる」ことを考えながら惜しみなく力を発揮すれば、あなたの仕事は、人々に強烈な印象を与えることができる。これがプロとして「自分を売る」という作業だ。

ほとんどの人は、いつか自分が大抜擢《ばってき》されることを期待して、何かが起こるのを、ただひたすら待っている。しかし、「自分を売る努力」もしないで、ある日突然、大抜擢されることなど、まずあり得ない。

事実、アピールに成功した人は、別の部門から新規プロジェクトメンバーに抜擢されたり、ヘッドハンティングされたりしている。自分の才能を磨いて精いっぱいその魅力を大切な人にPRすることは、プロとして重要な資質である。

当たり前以上の仕事をして、「魅力」をアピール。

自分がブランドになってしまおう。

何度も言っていますが、変わることは何もありません。
変えようとするつもりはないし、
その必要もないでしょう。
イチローであることを変えようとすると、
何かが狂ってくる。

（03年、メジャー3年目の抱負を聞かれたときの言葉）

イチローのようなスターを見ていると、ときに自分が小さな存在に見えてくる。そんな自分を「変えたい」と考える人もいるだろう。しかしイチローは、自分を変える必要なんてないと言う。

あなたはイチロー以下でも、以上でもない。そのままでこの世において唯一無二の、どこにもいない存在である。だから自分に誇りを持ち、自分をもっと輝かせることを考えてみてほしい。

その名前を聞くだけで、「名人芸を持った人間」と関係者に一瞬で思わせるのが「ブランド」の定義だ。あなたもイチローに負けないくらい、自分の名前をブランドに仕立てるために努力を積み重ねなければならない。

自分をブランドにするには、一つでいいから、得意ワザを持とう。スキルにかぎらず、性格や人柄でも構わない。それを極めれば、周囲は黙っていてもあなたに注目するようになる。

自分はこの世において、唯一無二の存在だと知る。

なぜイチローは、「打率」ではなく、「ヒット数」にこだわるのか？

あれは割り算ですからね。
僕は小学生のころから割り算が嫌いだったんです。

（「打率に対して、どのようなこだわりを持っているか？」と聞かれたときの言葉）

イチローは、「打率」ではなく、とにかく「ヒット数」にこだわる。たとえば日本のプロ野球では、選手が首位打者争いをしているとき、シーズン終盤戦になると、あえて打席に立たずベンチに引っ込むことは、珍しくない。

規定の打数に達していさえすれば、勝負を避けることもタイトル獲得の手段なのである。

だがイチローは、これをことさら嫌う。たとえ打率が下がろうとも、打席に立ち続けてヒットを狙う。「首位打者」ではなく、「ヒットを一番たくさん打つ打者」という称号にこだわるからである。徹底的にこだわる対象があるからイチローは、魅力的なのだ。

あなたの「こだわり」は何だろう？　いますぐイチローのような「こだわり」を仕事の中に見つけだそう。

その「こだわり」を長期間貫きとおすことにより、あなたは新しい才能と人間的魅力を身につけることができる。

自分の個性を伸ばす、「こだわり」を持とう。

出る杭《くい》は、「打たれるかどうか」なんて、気にしない。

強いチームには当然、優秀な選手が集まるでしょ。
そこで目立たない選手でいるよりも、
自分が目立つチームのほうがいい。
自分の力で甲子園に行き、勝つ。
そのほうが格好いいじゃないですか。

（高校時代を振り返っての言葉）

イチローのこの発言は、当時の愛工大明電高の中村豪監督への彼特有の強い自己アピールなのである。自分の力で、この決して強くない野球部を甲子園で勝たせたら、格好いい。だから、僕はここに来たんだ……と。

一見生意気な発言に思えるが、「よし、そこまで言うなら、やってみろよ」と周囲は一目置く。むろんイチローにとってはそれなりのリスクは覚悟のうえだが、結果的には機会は多くめぐってくる。

異端児とか生意気とか思われるくらいに自己アピールすれば、周囲の人間はあなたに一目置くようになる。

これからの時代、出る杭にならないと大きな仕事を任せてもらえない。

結局、大きな成果をあげるのは、そんな会社の異端児だ。自分の一番の得意ワザをもっとPRできないか工夫してみよう。活躍の舞台が整えば、格段にヒットも量産しやすくなる。

積極的に自分をアピールして、出る杭になろう。

ビックリするような好成績の裏にある秘密とは？

ビックリするような好プレーが、勝ちに結びつくことは少ないです。
確実にこなさないといけないプレーを
確実にこなせるチームは
強いと思います。

（好プレーについて聞かれたときの言葉）

人を惹きつけるには、集団の中で思いっきり目立つ好成績をあげなければならない。

しかしそれを実現するためには、目立たないところで、確実に自分に与えられた責務をはたしていく懸命さがなければならない。

イチローの破竹の勢いの活躍を見ると、「すごい成績を出さなければ」と、焦ることもあるだろう。しかしイチローの目立つプレーも、すべては毎日の練習をコツコツと積みあげていった成果に過ぎない。初めから「目立つこと」を狙って稼ぎだしたものではないのである。

仕事には、地味な作業が圧倒的に多い。若いころには、コピーとりや、単純作業に長時間費やすこともあるだろう。しかし地味な作業を丹念に、粘り強く遂行できない人間が偉大な仕事などできるわけがない。すべては「小さな成果」の積み重ねが、偉大な仕事につながるのである。

与えられたことを、確実にやることに徹する。

6章

「モチベーション」が一気にあがる言葉

――どうしたら、いつもエネルギーにあふれていられるのか?

必ず、すごい仕事ができる「絶妙な目標」の立て方。

30試合で30本というのを設定していた。それをクリアしたことは悪くない。

（09年5月7日、4打数3安打でシーズンの安打数が30本に到達したときの言葉）

綿密に練られた「目標設定」こそ、偉大な仕事をさせてくれる武器となる。

メジャーリーグにおけるイチローの成功は、この目標設定により支えられている。つまり、「シーズン２００本安打」という目標が、毎シーズン、イチローに偉大な仕事をさせていると言えなくない。

目標は、そのバーが高すぎても、低すぎてもいけない。モチベーションは、単純に目標が高ければ高いほどあがるものではない。たとえば、もしイチローがシーズン１５０本という目標を掲げていたら、多分8月上旬には達成してしまうから、それ以降のモチベーションがあがらない。一方、シーズン２３０本という目標ではバーが高すぎるため、シーズン途中で目標達成が絶望になったとき、やはりそれ以降のモチベーションがあがらない。

ベストを尽くし続けて何とかシーズン最後に「滑り込みセーフ」という水準に設定する。これが最高レベルのモチベーションを、与えてくれる。

「全力で走って何とか間に合う目標」を、立てよう。

どうしたら仕事が楽しくなるのか？

モチベーションは野球が好きだということです。

（「安打量産の原動力は何か？」と聞かれたときの言葉）

なぜイチローは、やる気にあふれた人間なのか？

その答えがこのシンプルな言葉に凝縮されている。好きな野球をやっているから、やる気が出ないわけがない。しかしここで誤解していけないのは、野球に関するありとあらゆることが「楽しい」わけではないということ。現にイチローもスランプのときは苦しい思いをしているし、単調な練習は面白くないとまで言っている。

イチローの探求心が野球を面白くさせている。同じように、仕事も深く掘り進めるからこそ楽しくなるのであり、やる気を十分に維持しながら結果を出し続けることができるのである。

あなたは自分の「仕事の井戸」を深く掘り進めているだろうか？

日々の小さな「イヤなこと」に心を奪われずに、常に探究心を持ち続け、仕事と格闘を続けるなら、いままで気づかなかった奥深さを必ず発見できる。

仕事を、極めよう。

勝者は、結構、自分をほめている。認めている。

今日は体調もよかったし、ボールがよく見えました。

（01年、対ブルージェイズ戦で、4安打を記録したときの言葉）

調子がよければ、ボールがよく見える。だから自分の力なら、ヒットが出て当たり前だ……。自信過剰にも見えるこんな言葉をサラリと言ってしまえるのが、イチロー独特の思考パターンである。

アメリカの有名な心理学者、マーティン・セリグマン博士は、成功者の思考パターンの研究から「原因の帰属理論」を生みだした。簡単に説明すると、「うまくいったら即、それを自分の力と過大評価できる人のほうが、その後の結果もよくなる傾向がある」というものだ。

「自分はまだまだ」とか、「たまたまうまくいっただけ」と控え目な発言をする人がいる。日本ではそれを「謙虚」と受けとってくれるが、成功するうえで、それは明らかに邪魔となる。

なぜなら、そう言ってしまうと、その成果は自信につながってこないからだ。謙虚になるのはいいことだが、少なくとも自分の中では、うまくいったら「自分は結構できるんだなあ」と自惚《うぬぼ》れてみてほしい。それが自信を深める秘訣だ。

自分の成果を、過小評価しない。

プレッシャーがかかるほど、燃える人の心理。

ドキドキする感じとか、ワクワクする感じとか、プレッシャーのかかる感じというのは、たまらないですね。僕にとって、これが勝負の世界にいる者の醍醐味《だいごみ》ですからね。

（シーズン通算最多安打記録を出したときに、「プレッシャーはなかったのか？」と聞かれたときの言葉）

「プレッシャー」を、スポーツ心理学の観点から述べれば、「ある状況に対する、その本人の心理的なとらえ方」となる。

ということは、プレッシャーを、苦痛に感じるのも、イチローのように「ワクワクする醍醐味」にしてしまうのも、自分のとらえ方次第なのだ。ならばプレッシャーを楽しんだほうが、困難な仕事にどんどん挑戦していける。

たとえば難しい仕事をするときに、大きなプレッシャーがかかるのも、見方を変えれば、それだけ重圧のある大きな仕事にめぐり会えた証《あかし》である。世の中には、そんな仕事にめぐり会えない人も大勢いるわけだから、ビジネスパーソンとして、とても光栄なこと。そのことに感謝しよう。

本当の自信は、実はプレッシャーのかかった状態でしか育たない。本番の1時間の体験は、プレッシャーのかからない10時間に相当するのだ。

プレッシャーがかかったら、「自分はラッキーだ」と思おう。

「いままでの自分」や「いまの自分」を捨てれば、すごい自分に生まれ変われる。

あのときの僕といまの僕を比べるのは、いまの僕に失礼と思う。

（04年に、98年以来の1試合5安打を達成したときの言葉）

モチベーション心理学の大家、プレスコット・レッキー博士は、「自己イメージこそ、モチベーションに大きな影響を与える要素である」と述べている。博士はそれを証明するために、英語の試験で40点の成績しかとれなかった女子学生に、「自分には英語の才能がある」ということを繰り返し言葉にさせ、文字に書かせ、「英語が苦手」というイメージを変えさせた。

その結果、1年後にその女子学生は90点以上をとるまでに成績をあげたのである。何かを「苦手だ」とか「イヤだ」と感じるのは、過去の体験がつくりあげたイメージに原因がある。だから過去に縛られていては、自分が輝く強力なイメージをつくりあげることなどできない。

イチローは常に「未来の成長したイメージ」を頭に描くことのできる、高いモチベーションの持ち主である。

自分の過去の体験と自己イメージを切り離し、自由に「どういう人間になりたいのか」を思い描いてみよう。必ず、もう一人のすごい自分とめぐり会える。

すごい「自己イメージ」を描こう。

「本当にこれがベストか？」この質問で、いくらでもやる気は出てくる。

これでいいと思えるものを見つける。
確かに、その瞬間は「いまは、これでいい」って思えるんです。
でも、１週間後には、また変わってくる。
「これでいい」と思っていたものが、「いい」とは思えなくなってくる。
それで、今度は「もっと、いいもの」をまた探し求めなくてはならない。
この繰り返しなんですよね。
でも、この探し求める、ということが面白いし。
これが、野球を続けられるモチベーションなんですよね。

（モチベーションについて語った言葉）

仕事の内容がつまらないから「やる気が出ない」と感じている人がいる。そんな人に聞きたいのは、「面白いもの」を探し求めているのかどうかということ。ルーチンワークでも、新しい発見はいくらでもできる。「もっとこうすれば効率がよくなる」と感じれば、そこには業務改革の芽がある。ちょっとしたヒントさえ見つければ、いくらでも新しいチャレンジは可能になるはずなのだ。

仕事を面白くするのは、結局「好奇心」なのである。

バットを振るという作業は、驚くほど単純である。それこそビジネスパーソンがデスクでルーチンワークを繰り返す以上に、面白みのないものかもしれない。けれどもイチローは好奇心を働かせるから、よりよいバットコントロールのための具体策を追い続けることができる。

もっと「好奇心」を働かせよう。そこに「仕事を面白くするヒント」が潜んでいる。

ルーチンワークに、「好奇心」を持って臨む。

自分で一歩一歩登って、自分の目で景色を楽しむから、発見できるもの。

自分は幸せな人間だと思う。不幸な人間って、何事も何の苦労もなくできてしまう人でしょう。でも、それでは克服の喜びがなくなってしまう。

（これまでの自分の人生を振り返っての言葉）

「打率3割」といえば、バッターとしては一流だが、成功しているのは10回のうちたった3回だけ。つまり残りの7回は、すべて失敗なのである。

しかしイチローは、**「その7回の失敗の中に、いろんな可能性が含まれている」**と思える。7回の失敗を繰り返す中で、3回の素晴らしい結果が生まれる。この難問と格闘し続けるからこそ、バットを振る作業は面白くなる。

困難な問題に直面したら、「苦しい」ではなく、「面白い」と考えてみよう。難しい仕事を克服したときの達成感は、簡単にできてしまったときの比ではない。うまくいったら至上の喜びを感じられると思えば、やる気も出てくる。目の前の苦労を克服することにやりがいを見いだすのが、モチベーションアップのコツである。

「うまくいったら……!」と飛躍した未来に、目を向ける。

未知なる可能性が眠っている、意外な場所。

嫌いなことをやれと言われてやれる能力は、あとで必ず活きてきます。

（03年シーズン終了後の言葉）

嫌いなこと、苦手なことに、気持ちよく向かっていける人などいるわけがない。人間の脳はうまくできていて、イヤなことをすると、途端に能率は落ちてくるのである。どうすれば、イヤなことに対して、自分を奮起させられるのだろう？

イチローが言うように、「イヤなことをやれる」のも一つの能力である。一見、やったことが自分に何らプラスになっていないようでも、それは後々必ずプラスになって跳ね返ってくる。

たとえば一流のファッションデザイナーも、入門時は針仕事の修行のようなことばかりやらされていたり、売れっ子のコピーライターも、当初は先輩の資料のコピーとりばかりやらされていたりする。そういうことの積み重ねが、あとで必ず役に立つのだ。

仕事でイヤなことを命じられたときも、「この経験は、必ず自分を成長させてくれる」と自分に言い聞かせて、淡々とトライしよう。

イヤな仕事に向かって、「これが自分を鍛えてくれる」と言おう。

7章

「確実にチャンスをモノにする勝負強さ」がつく言葉

——ココ一番の大舞台で伝説を生める人の心理とは?

チャンスをつかむには、自分で考えて、自分で動こう。

同じ苦しむなら、考えて苦しまないといけない。何も考えないで、ただ苦しんでいても、何も生まれない。

（05年シーズン終了後の、「苦しむこと」について聞かれたときの言葉）

人生を充実させたいなら、とにかく仕事の中で苦しもう。イチローは苦しみの中で思索をめぐらせたから、一流の仲間入りができた。同時に彼は、自分を追い込むことにより飛躍してきた事実を、自らのキャリアから学んできた。

「趣味」なら、楽しいと感じることだけをしていればいい。しかし、「仕事」となると、話は違う。あえて困難な仕事にチャレンジすることでしか、才能は磨かれない。あるいはうまくいかないことと格闘することで、どんどん成長していける。苦しいことから逃げ、楽をすることに流れる人間は、結局、才能を磨くチャンスを失う運命にある。これでは頭角なんて到底現せない。

順風満帆《まんぱん》のときにいいアイデアが生まれることもあるが、それは稀《まれ》なこと。うまくいっているときには、脳は案外、働かない。人間の脳というのは、土壇場まで追い込まれないと良質のアイデアを出してくれないようにできている。

「生みの苦しみ」を受け入れる人間だけが、一流になれる。

頭を使って、苦しもう。

簡単に、偉業を成し遂げてしまう人の〝燃料源〟とは？

（打った瞬間）抜けた〜、と思いました。

張本《はりもと》さんが明日（日本に）帰っちゃうって聞いていたので、（今日中に）やらなきゃいけないってプレッシャーがあったのでよかったです。

95年の春に、張本さんに、

「自分の記録を抜くのはオマエしかいない」

と言われたことを思いだして、米国のシアトルという地で、張本さんの前で達成できるとは、そのときは想像できませんでした。


（09年4月16日、張本勲《いさお》の持つ通算3085安打の記録を抜いた試合後の記者インタビューでの言葉）

多くの人は、プレッシャーがかかると、冷静さを保てなくなり、パニックに陥って本来の実力を出しきれない。だからプレッシャーを悪者扱いする。

しかし、イチローは違う。プレッシャーから逃れるどころか、過大とも思えるプレッシャーを意識的にかけることで、いとも簡単に偉業を成し遂げてしまう。チャンピオンは、常にプレッシャーのかかる本番を戦っているからこそ、偉大な仕事ができる。

一方、並の選手は、プレッシャーのかからない練習では素晴らしいパフォーマンスを発揮するが、大事な局面では「プレッシャーがかかってきた、よくない兆候だ」と考えてガチガチになってしまい、惨《みじ》めな結果に終わってしまう。

プレッシャーを感じたら、「これですごい仕事ができる」と考えてみよう。そして手に汗を握る瞬間を楽しんでみよう。

プレッシャーこそ、私たちに偉大な仕事をさせてくれる〝燃料源〟なのである。

プレッシャーを、味方につけよう。

なぜイチローは、勉強をあきらめたのか？

小学校ではあまり勉強しなかったんですけど、
中学になって、それじゃまずいって一生懸命勉強したんです。
テストの点はとれました。
実際、自分ができるかぎりの勉強はしました。
でも、1番にはなれなかったですよ。
学年で7番とか8番にはなれても、
決して1番には、なれなかった。
それで勉強あきらめたんですよ、僕。

（「いままでの人生の中で無理だと思ったことは？」と聞かれたときの言葉）

イチローにとって、野球は自分自身が最も力を発揮できる分野である。

「野球は、自分がこれまでの人生で時間を費やしてきて、一番自信があって、これで勝負できるんだと思えるもの」。彼自身もそのように語っている。

あなたが一番自信を持っている、「これ」という分野は何だろう？　自分が得意とするテーマを見つけ、それに向かって一点集中で突き進んでいく。これが成功のチャンスをつかめる人の共通点だ。

私自身も「臨床スポーツ心理学」という一つの分野の研究にたっぷり時間をかけてきたから、この分野で著書を何冊も上梓《じょうし》することができた。かつてテニスの全日本プレーヤーだったことも幸いしたかもしれない。しかし結局は、「これだ」という専門分野を見つけることができたから、仕事にのめり込めたのだ。

「いくつもの分野で一様に能力がある人」であるかぎり、代わりの人間はいくらでもいる。一つでいいから得意ワザを見つけ、「あなたにしかできない仕事」ができるようになったとき、チャンスは自然と訪れるのだ。

1番になれるものを見つけたら、他を捨ててでも、その一点に集中。

可能性は無限大。1秒で、欠点を長所に変える思考法。

体がでかいことに、そんなに意味はない。
僕は大リーグでは一番小さいほう。
それでもこんな記録がつくれた。
遠くに飛ばす力は、バランスだとか、
体を正しく使うことによって生まれる。
だから、小さい子どもが、大きな体がないとダメだと錯覚して、
可能性をつぶさないでほしい。

（04年10月、ジョージ・シスラーのシーズン通算257安打の記録を抜いた試合後のインタビューでの言葉）

イチローは小さいころから、プロ野球選手になるには体が小さすぎると言われてきた。おそらく、周囲からそのことを何十回、何百回と聞かされてきたはずだ。プロ野球界に入ったとき、ドラフト4位でしか指名されなかったのも、そんなハンデの部分が影響したのかもしれない。

しかし、欠点も見方を変えれば、立派な個性になる。事実、少年時代のイチローは、小さいけれどしなやかな体を活かしたフォームで、ヒットを量産している。「体が小さかったこと」が長所になったのである。

たとえば、内気で内向的な人間の場合。「人前が苦手」と言えば欠点だが、視点を変えれば、「落ち着いている」という長所になる。「落ち着きがない」という短所も、「行動的」と言えば長所。欠点など、所詮《しょせん》はそんなもの。

欠点に縛られる人と、ハンデをバネにして飛躍する人。どちらがチャンスをつかみやすいかは、言うまでもない。

視点を変えて、欠点を「個性」に変える。

「反省」は、夏休みの絵日記と同じ。
あとで一度にまとめてやろうとしても、
思いだせない。

僕は一試合一試合、振り返っています。
まとめて振り返ることはしません。

（「自分のバッティング成果をどのように振り返るか？」と聞かれたときの言葉）

イチローは試合後、必ずロッカールームで自分のプレーを振り返るという。

昨日より今日、今日より明日と、日々前進を求められるプロの世界で、「来月はこうしよう」「来年はこうなろう」などと悠長なことは言っていられない。

アメリカの有名な経営コンサルタント、トム・ピーターズは、海軍にいたころ「毎日、必ず一つすごいことをやれ。それができない日は、すごいことができるよう死力を尽くせ」と言われ続けたそうだ。

軍隊という世界では、それだけ「一日を有効に使うこと」が求められるわけだ。

毎晩「明日必ず達成すべき目標」を決め、それを実行する。それだけで仕事の成果は確実にあがる。チャンスをいつでもつかめる瞬発力もつく。

小さな自省を重ねることが、勝負強さを手に入れる、多分、一番早い方法なのだ。


マメに、反省しよう。

しんどいと感じるときは、成長しているとき。

苦しいことの先に、新しい何かが見つかると信じています。

（04年7月、チームが最下位で苦しんでいるときの言葉）

実は人生においても仕事においても、苦しいときにこそ、大逆転や大飛躍のチャンスが眠っている。

たとえばマラソンは42・195キロを走るスポーツだが、勝負が決まるのは、大抵、ランナーみんなが一番苦しむ30キロ以降である。

だから一流のマラソン選手ほど、30キロ以降の練習をみっちりやる。みんなが苦しいときに、一気に抜き去ってトップに立つことを想定して、血の滲《にじ》むような練習を日夜繰り返す。


不況期のいまこそ、「ココ一番」のときであり、新しい突破口を見つけ、飛躍していくチャンスなのだ。逆境のときにこそ、新しいアイデアや斬新な技術が生みだせる。一番苦しい時期こそ潜在能力が表に出るチャンスなのだ。

順風満帆だったなら、こんな試行錯誤の機会など持てなかった。喜んで試行錯誤を重ねよう。


順風満帆のときこそ、「本当に、これでいいのか?」と疑おう。

「自動的に成功する方法」はある。ただ、ほとんどの人は、それを続けない。

いままで自分がやってきたことを、しっかり継続することがイチローという選手の能力を引きだすためには、はずせないことです。

（02年シーズン終了後の言葉）

30分の「小さな努力」を、毎日続けよう。

スポーツや芸術分野で卓越した人たちの共通点は、毎日「同じ時間に同じ場所で同じこと」をやり続けること。イチローも素振りのような基本練習を、毎日欠かさず延々と繰り返したから、安定して好結果を出し続けることができた。

これは、ビジネスにおいてもまったく適用できる。「一日の終わりに、今日、学んだことをまとめる」という習慣を、40年続けている経営者がいる。また、入社当時からずっと、一週間、一年間の計画を立て、その進捗《しんちょく》状況を丹念にチェックし続けている経営者もいる。

「慣性の法則」を学んだことがあるだろう。これは外力を加えないかぎり、止まっている物体は止まり続け、高速で走る物体は高速で走り続けるという物理学の基本法則だ。

この法則のように、自分を成長させるための習慣をいったん定着させてしまえば、それは延々と繰り返され、どこまでも成長していける。自動的に夢に近づいていける。

チャンスをつかむ一番いい方法は、
この〝回数〟を増やすこと。

カウント1―3のとき、
フォアボールでいいかって思う選手、結構いるんだけど、
普通に打つ気もなく見逃してフォアボールを選ぶことと、
打つ気でいって、
それがボールになって結局フォアボールになるのとでは、
僕にとってまったく意味が違うんですよね。

（フォアボールを選んで出塁することについて語った言葉）

イチローは、とにかくヒットを打ちたい選手だから、果敢にバットを振りにいく。

当然、見逃すよりも、打ちにいくほうがヒットを打てる機会は多い。つまりイチローがヒットを量産できるのは、誰よりも多くバットを振るからである。

チャンスをつかみたかったら、挑戦する機会を多くつくることだ。

全米販売担当重役協会が行なった調査では、営業販売の80%は、同じ顧客への5回目以降の電話で成立しているという。しかし4回目以降の電話をかけるのは、全体のわずか10%。何と48%は、たった1回断られただけで、あきらめている。

何度もトライすれば、当然、失敗の回数や断られる回数は増える。しかし、最も多くの成功を手に入れるのも、根気よくチャンスを求める10%の人間なのだ。

失敗の数など気にせず、何度もチャレンジ。

ひらめきのコツは、問題に全力で集中すること。そして次に……

最悪のセカンドゴロだったたんですが、次の瞬間、嘘のように目の前が晴れていったんですよ。「ああッ、これなんだ！」と思いました。これまで探し求めていたタイミングと体の動きを一瞬で見つけることができた。それを、あやふやなイメージではなく頭と体で完全に理解することができたんです。

（99年に「特別な感覚をつかんだ瞬間があった」ということに関して語った言葉）

イチローがここで言う「嘘のように目の前が晴れた瞬間」とは、オリックス時代の99年、対西武戦で西崎幸広投手がリリーフ登板したときに訪れた。

このときの結果は、本人も言うようにボテボテのセカンドゴロ。しかし打った瞬間、彼は「**ああッ、これなんだ!**」と感じた。これこそ、ひらめきの典型例である。

イチローは、常に感覚を研ぎ澄まして一打席一打席に集中する。もちろん頭の中には、自分の課題をしっかり入力している。こういう状態が、あるとき「これだ!」というひらめきをもたらしてくれる。

アルキメデスの発見も、あるいはニュートンの発見も、風呂に入っていたり、散歩をしてリンゴを見たりという唐突な瞬間に訪れている。

人生やビジネスに大転換をもたらすひらめきを得るには、まず課題を頭の中にしっかりたたき込まなければならない。そのうえで感覚を研ぎ澄まして、脳の出力を待てばよい。

問題に全力で集中したら、あとは「ひらめきの瞬間」を待つ。

ココ一番で、潜在力を爆発させるための「プリショット・ルーチン」とは？

何でこんな細かいことまで気にしなきゃいけないいんだろうって、
ホント、イヤになることもあります。
自分が勝手にやっているんですけどね。
したくないけれど、やっぱりやっとかなきゃというのはある。

（ゲンをかつぐことについて聞かれたときの言葉）

イチローは結構、ゲンをかつぐ。トイレの洗面器のどれを使うかを球場によって決めていたり、勝ったり打てたりしたときの靴を翌日も履いたり。あるいは自動販売機で買うジュースも、負けたときに飲んだものは、次の日は買わないようにしていたという。

ゲンをかつぐだけでなく、彼の「プリショット・ルーチン（打つ前の決まりきった手順）」も徹底している。ウエイティングサークルから、バッターボックスまでの歩数も決まっているし、構えに入るまでの仕草も、寸分の狂いもない。これらすべてが打つ前に欠かせない、一連の儀式になっているわけだ。

「こうすればうまくいく」というゲンかつぎや、儀式を習慣化しておこう。いざというときにやれば、すぐに気持ちを切り替えられるようになる。

たとえば朝、出社したら水を一杯飲むとか、商談に臨む前にネクタイを締め直すとか、何か決まり事をつくって実践すれば、たちまち脳が切り替わり、スムーズに集中モードに入っていける。

「これをすれば落ち着く」という儀式を、つくる。

集中するポイントを絞ろう。成長のスピードが10倍速くなる。

打席ではいつも何かを考えながら、微調整をしています。
意識を置くポイントは、
時期によっては足だったり、手だったりするんですけど、
少しずつ自分の思い描くイメージに自分の形を修正しています。
たんに打つことを繰り返しているだけじゃ、ダメです。
そんなに簡単なものじゃない。
どうすればいいのかも、もちろん見えています。

（03年のバッティングについて語った言葉）

イチローは、他のバッターより早くボールの軌道を認識して、ボールをバットの芯でとらえることができるが、それは、「ヒットポイントの見極め」や「スウィングの角度」など、テーマを絞り込んだ練習をしてきた結果、身につけた技術である。

仕事においても、集中力はとても大切な要素。もちろん、結果を出すには集中させる「ポイント」を見極める必要がある。

たとえば商談なら、相手の言葉や目の動き、クロージングをかけるタイミングなどを見極める。やみくもに「成約させよう」と意気込んでもうまくはいかない。狙いを定めてフォームを修正するイチローの極意は、ビジネスの現場でも立派に通用する。

自分の課題に、エネルギーを「一点集中」させよう。

「オフのときは、別人」。
180度の切り替えが、
集中力を大きく高める。

試合後はロッカーや車の中で、気持ちの整理をします。
いい結果も、悪い結果も、家には持ち帰りません。

（気持ちの切り替えについて語った言葉）

試合が終わると、イチローはロッカー室へ行き、シャワーを浴びる。私服へ着替え終えたときには、すでに気持ちはリセットされている。４打席ノーヒットだろうが、３安打の好成績だろうが、それはまったく関係ない。

頭にあるのは、おそらくは奥さんと愛犬の一弓《いっきゅう》のことではないだろうか。家では野球のことを一切考えず、リラックスして過ごすという。家で癒されることにより、グラウンドで最高の心身の状態でプレーできることを彼は知っている。

「オン」と「オフ」をきっちりと区別するからこそ、「オン」のときに１００％の集中力が発揮できる。忙しいビジネスパーソンは、ときには家にまで仕事を持ち帰るが、そんなメリハリのない環境が、集中力を低下させ、いい発想がなかなか浮かんでこない状況をつくっている。

オフのときこそ気持ちを１８０度切り替えて、気力の充実を最優先させることが大切なのだ。

メリハリをつけよう。

何かを創造したり、すごい記録を生んだりする人ほど、脳を遊ばせる。

オフのときは何も考えてないですよ。
できるだけ頭の中を空っぽにしようと思っています。

（オフタイムの使い方について語った言葉）

「野球のないとき、何をしているのか」という質問に、イチローは、食事をして、本を読んだりＤＶＤを見たり……と、ごく普通のオフを過ごしていると語っている。何より「頭を空っぽにすること」に徹したいという思いがイチローにはある。

いまの時代、どんな仕事にも創造性が求められる。創造性を発揮するには、頭を定期的に空っぽにすればよい。

睡眠は「生理的」なエネルギーを補給してくれるが、「精神的」なエネルギーを補給するには、非生産的な時間をつくることが肝心である。食事を楽しむ、音楽を聴く、散歩をする、ただボーッとする、妻の買い物につき合う、子どもと遊ぶ……方法は何でもいい。仕事とはまったく別の、リラックスできる時間を過ごそう。

実は脳は、こうした一見「ムダに見える時間」に思考の整理をしている。優れたアイデアを生みだすには、ときには「何も考えない時間」をつくることが重要なのだ。

たまには、頭の中を「空っぽ」にしよう。

8章

「自分に厳しく！」を貫く言葉

――なぜあの人は、落ち込まないのか、言い訳しないのか？

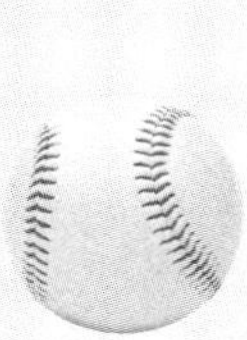

弱気になっている、自分に喝《かつ》！

守るではなく、奪いにいく。

（09年「第2回ＷＢＣに臨むうえで最も大切なことは？」と聞かれたときの言葉）

同じマリナーズのチームメイト城島健司《じょうじまけんじ》捕手は、イチローについてこう語る。
「何年も一緒にやっていてすごいと感じるのは、準備の早さでしょうね。1番バッターですから、その日の1打席目、1球目、守備でもフライ、ゴロの処理の、その1つ目を非常に大事にしている。だから2本目、3本目があると思う」

消極的な四球を選ぶよりも、ストライクゾーンに入ったボールを逃さず、バットを振るのがイチローの信条。実は日米で、「ストライク」のとらえ方は少し違う。英語でストライクとは、バットで「ボールを叩く」という意味もある。だから見送ってはいけない。

一方、日本的に、ストライクゾーンを通過したボールのことだけを考えると、「見逃してもいい」という消極思考が生まれてしまう。

スポーツでも仕事でも、積極思考に徹するだけで結果は大きく変わってくる。

徹底して、「積極思考」を貫こう。

過去を振り返るこの10分が、未来を変える。

一日の反省はグラブを磨きながら、
昨日試合後に何を食べたか、よく眠れたのか、というところから、
実際にゲームが終わるまでに起こったすべてのことを
よく振り返って考えてみる。

（「なぜグラブを磨くのか？」と聞かれたときの言葉）

一日の「反省」――それがイチローを偉大なアスリートに仕立てている。これはすべてのビジネスパーソンにも参考になる。

私たちはイチローのような卓越したバッティング技術を身につけることは不可能であるが、彼のように心身をベストの状態に持っていくことは、その気になれば、いまからでも十分可能である。

考えてみれば、オリンピックを目指すチャンピオンのような節制をすれば、誰でも仕事上ですごいパフォーマンスを発揮できるのだ。1カ月後にオリンピックの大舞台が控えているチャンピオンになったつもりで、心身の状態をベストに持っていく努力をしよう。

あるいは、イチローがグラブを磨くような、その日一日を振り返る時間を確保しよう。風呂あがりに冷えたビールを飲みながら、ノートに思いついたことを書き留めるのもいいだろう。

それだけで、イチローのようにすごいことを、やってのけられる。

毎日10分でいいから、反省する時間を確保しよう。

悔しさが残るのは、まだ力を出しきっていないから。

やれることはすべてやりましたし、
どんなときも、手を抜いたことは一度もなかった。
やろうとしていた自分、
準備をしていた自分がいたことは、誇りに思います。

（02年、メジャー2年目を終えたときのインタビューでの言葉）

仕事でうまくいかないことがあれば、ときにはそれを景気や、自分のやりたいようにやらせてくれない上司や会社のせいにしたくなることもあるだろう。

そんなときは、胸に手を当てて考えてみよう。「うまくいかなかったのは、周囲の状況や他人のせいなのか」。「はたして自分は、本当にできるだけのことをしたと言えるのか」。「これが自分の限界なのか」。


イチローは、ことさら「言い訳」を嫌う。「うまくいかないこと」に、いちいち理由を設けない。その代わり、一瞬一瞬に全力を尽くす。だから打てなかったときも、「やるだけのことはやった」と満足できる。

「◯◯が悪い」と言い訳をすることは、その時点で、「成功できない自分」を認めてしまっていることにほかならない。

「まだ何か、打てる手はないか」

置かれた困難な状況から逃げださないで、問いかけた先に道は開ける。


「やれるだけのことはやった」と言えるようにする。

努力の価値は自分が判断するもの。
他人には勝手に評価させておけばいい。

どんな難しいプレーも当然やってのける。
これがプロであり、
僕はそれにともなう努力を、人に見せるつもりはありません。

（努力について語った言葉）

「こんなに一生懸命やっているのに、誰も認めてくれない」

　イチローは、そういう弱音を一切吐かない。努力はあくまで自分自身のためにするものであり、決して他人に見せるものではないという哲学があるからだ。だからイチローは、人にどう評価されようと、くどくど反論するようなことはしない。ただひたすら、自分がどこまで満足できるかが彼の絶対評価。

「努力」や「頑張り」を、人に認めてもらおうとするのはやめよう。それは本来こっそり隠れてやるもの。

　仕事はあくまでも「自分の成長のためにやるもの」という考えに徹すれば、その大切さが理解できる。「努力している」とか「頑張っている」という意識が消えたとき、あなたは一つステージがあがったことになる。

努力の跡を、消してみよう。

「自分で決めたこと」は、死守する。自分は自分にとって、一番、厳しい教師。

自分でやること、やろうと決めたことに対しては、
手抜きをしないことです。
そこで手抜きをしていたら、多分そっぽ向かれちゃうと思いますよ。
お前、自分が決めたこともやれないのか、
というふうに思われちゃうでしょうからね。

（人生を成功させる秘訣について語った言葉）

徹底して自分に妥協を許さない。それがイチローの強みである。「決めたこと」に対しては、ストイックなまでにこだわり、それをやり抜く習慣ができているからこそ、どんな結果も受け入れることができる。

20年以上も前になるが、私はアメリカのオリンピック委員会で、超一流選手たちと仕事をしたことがある。そこで私が見たのは、1週間単位で目標を設定し、その達成には命をかける選手の姿だった。

彼らの自己に対する厳しさは、並大抵ではなかった。しかし不思議なほど、そこに悲壮感はなかった。なぜなら目標を設定する最大の目的は、達成することよりも、モチベーションをあげることにあるからだ。だからこそ彼らは、コーチたちと相談し、頑張れば何とか達成できる、適正水準の目標を設定するのだ。

1．ワクワクするような目標を設定して全力投球する

2．高いモチベーションを維持するために目標の数字を頻繁に見直す

この2つの姿勢があれば、あなたは必ず自分の能力を高めていくことができる。

「自分との約束」を、守る。

苦を乗り越えなければ、
それが自分にとって、
何であるかなんてわからない。

「楽しんでやれ」と言われるんですけど、
僕はその言葉の意味がよくわからない。
「楽しむ」というのは、決して笑顔で野球をやることではなくて、
充実感を持ってやるもんなんだと
僕なりに解釈してやってきましたけど、
それにたどり着くまでには「楽しんでやる」というような表現は、
とてもできなかったですね。

（「野球を楽しむこと」について語った言葉）

「仕事が楽しくない」という理由だけで、入社1年以内に退職する新入社員が驚くほど多いという。

笑顔がこぼれるほど楽しい仕事なんて、まずないと考えたほうがいい。どの仕事も、社会に貢献して報酬を得るプロとしての行為であり、趣味に興じているときに得られるような楽しさは本来存在しない。

仕事に慣れれば、充実感は見いだせるようになるが、そのためには、その何倍もの「楽しくない修羅場」をくぐる必要がある。

大事なのは、「やったことにどれだけ満足できるか」だ。

たとえば本を書くのは「面白い」ように見えて、苦労が多い。だが、多くの読者に喜んでもらうことができれば、充実感が得られる。

目の前の仕事にそれを見いだすことも、プロには不可欠な能力なのである。

苦労を成し遂げたあとの、楽しさを知ろう。

ヒーローは必ず途中で苦難に遭う。ハッピーエンドを信じて進もう。

空振りだとか三振だとかに一喜一憂はしないということが大事です。そこで、打てない、もうダメだと思ってしまったら、次の打席には立てないですよ。たとえ、3打席、4打席ダメであろうと「次」につなげる打席にしなければ、打ちとられてしまうでしょう。

（ピッチャーの攻略を1ゲーム単位で行なっていることについて語った言葉）

仕事がうまくいかないときに、いちいち落ち込んでいては、先へは進めない。あるいは、落ち込んでいる自分に「喝」を入れるだけではやる気は持続しない。

この言葉のあと、イチローは次のようにつけ加えている。

「三振しても、打ちとられても、そのピッチャーを打つための『何か』を得られればいいわけで、僕は打席ごとに勝った負けたと騒がないように心がけています」

つまり、うまくいかなかったとき、「ダメだ」ではなく、「これを学んだ！」と、プラス思考をすることが大切なのだ。その思考パターンを身につければ、次回の挑戦が楽しみに変わる。

「反省」するのはいいが、「お前はダメなヤツだ」とか「もっとしっかりしなきゃ」と、自分を責めてはいけない。失敗すれば必ず、そこに「学ぶこと」がある。

うまくいかなかったとき、「これで一歩前進！」と考えられるのが一流のプロの共通点なのである。


自分を叱るときは、「学んだ、今度は大丈夫だ」と言おう。

悔しさが起爆剤になって、いつか大きな勝利をつかみとる。

ここまでヒットを重ねるには、
それより遥《はる》かに多い数の凡打を重ねなくてはいけない。
やっぱり思うことは、2000という表に出る数字じゃなくて、
それ以上に遥かに多い数の悔しさを味わってきたことのほうが
僕にとっては重い気がします。

（08年、日米通算2000本安打を記録した感想を聞かれたときの言葉）

イチローは子どものころから、人一倍負けず嫌いな人間だった。母親の淑江《としえ》さんは、こんなことを語っている。

「うちの家族は、10月のイチロー、11月のお兄ちゃん、12月のお父さん、1月の私と誕生日が毎月続くんです。子どものころのイチローは、『**僕が一番早く誕生日がくるのに、なんで一番小さいんだ！**』と言ってだだをこねて泣くんです。とにかく、人よりも下と言われるのが昔からイヤだったみたいです。小さいなんて言われようものなら、とっ組み合いになりましたから」

実はイチローは、気持ちをすぐに切り替えるポジティブ思考の持ち主である一方、結果が出ないことを誰よりも許せない、極端なまでの負けず嫌いなのである。悔しさは忘れずに、すぐに気持ちを切り替える。悔しさのエネルギーを次の挑戦に活かすことが、あなたを一流に仕立ててくれる。

「悔しさ」を、エネルギーに変える。

失敗に、心が乱れなくなる魔法の言葉。

野球は失敗のスポーツです。特に打つことに関しては、もういくら頑張っても、実はゴールはないんです。

（失敗について聞かれたときの言葉）

チップ・ベックというプロゴルファーは、スーパースターではないが、どんなときにも安定したプレーをすることで知られていた。その理由は、トラブルショットの解釈にあった。

普通のゴルファーなら、林の中にボールを打ち込んだら、「何てオレは下手なんだ」などと嘆く。結果、それ以降の成績は振るわなくなる。ところがベックは、ミスショットをすると「これだからゴルフはやめられない！」とつぶやき、意気揚々と林の中に消えていく。だからその失敗は、あとに響かない。

うまくいかなかった状況は、もはや過去の遺物。失敗を楽しみ、失敗の中に飛躍のチャンスが潜んでいると信じよう。「その先に大きな成功が待っている」と、自分を元気づけるのも一つの能力なのである。

自分で自分を、励まそう。

飛躍のヒントは「よくない事実」の中にある！

僕が日本でやったことの強みが出てくる。
130試合で僕は（200安打を）やってきた。
162（試合）マイナス8ではなく、
僕は130プラス24という計算ができる。

（09年、シーズン開幕から故障者リストに入って8試合を欠場したイチローが、チームに合流した日の言葉）

多くの人は、楽観主義と悲観主義の解釈を誤っている。まず楽観主義である。「よくない事実の、いい面だけをとらえて自分を元気づける」というのが一般的な解釈であるが、事実はそうではない。その真意は、「よくない事実をありのままにしっかりと受け止めて、その打開策を冷静になって考えること」。

一方、悲観主義とは、「よくない事実のよくない側面だけに過敏反応して落ち込むこと」をいう。

イチローはよくない事実の中から、常に飛躍のヒントを探りだして進化してきた。これこそ楽観主義者の典型例。

夜空に浮かぶ半月を見たとき、その明るい部分を見るか、あるいは暗い部分を見るか。同じ半月を見ても楽観主義者と悲観主義者では、明らかに見方が違う。結局、事実の如何《いかん》にかかわらず、とらえ方を工夫してモチベーションを自分なりにあげる工夫をすることこそ、楽観主義者の共通点なのである。

どんな不幸の中にも、活路を見いだそう。

9章

「生きるパワーとエネルギー」をガツンとくれる言葉

——成功の果実、最高の充実感を味わえる生き方とは?

脳力は、何歳まで伸びるのか？
「手遅れ」ということはないのか？

そもそも僕は、選手生命が40歳から50歳に延びることについては、何ら不思議なことではないと思っているんです。

（自分の選手生命について語った言葉）

歳をとると、人はだんだんと保守的になっていく。その結果、「そろそろ潮時だ」とか「歳には勝てない」などと考えて、新しい挑戦をしなくなる。

イチローは、野球選手としては、すでにベテランの域に達しているが、40歳どころか、50歳でも現役でいたいと願っている。それくらい自分の成長に自信を持っているのだ。

人間の寿命は、いまだに延びている。だから50歳や60歳の人は、まだまだ若いのだから、安易に自分に限界を設定してはいけない。

多くのビジネスパーソンは、アスリートのように肉体で勝負しているわけではない。頭で勝負をしているはずだ。しかも最近の脳研究では、脳の発達に年齢制限はないともいわれている。多分私たちに限界を与えているのは、「歳をとったら働けない」という思い込み。60歳を過ぎてから起業したり、学校に通い直したりする人はいくらでもいる。

自分の年齢を忘れて精力的に動きまわろう。成功に年齢制限はない。

いくつになっても、新しい挑戦をしていこう。

成功者ほど、冗談が好き？

次のゲームは、第1打席2アウトでも初球からバントでもしたらセコいって笑われるかな。
そして塁上で新記録だってガッツポーズしたら、
きっとウケるでしょうね。

（97年日本で208打席連続無三振記録に並んだときの言葉）

97年6月22日の対西武戦。彼はこの打席で「208打席連続無三振」という日本記録に並び、インタビューを受けた。

そのとき彼は、右のようにジョークで答えた。笑いをとって記録へのプレッシャーをはねのけようとしたのである。もちろん翌日の試合では、バントなどせず、真っ向勝負に挑む。結果はセカンドゴロだったが、見事に日本新記録を達成した。

このようにイチローのコメントに冗談が混ざるのは、珍しくない。常に無邪気に、ただし真剣に野球を楽しんでいる。日本は「痛みなければ得るものなし」という、悲痛なまでの努力を評価する傾向が強い。しかし現実には、どの世界でも、楽しみながら仕事をしている人が明らかに成果を出している。

誰だって、顔をしかめながら仕事をしている人よりも、楽しんでいる人と仕事をしたい。勝利や幸運の女神も同じなのである。

人を笑わせる余裕を持つ。

自分で決めれば、
言い訳できない、あきらめない、成功するしかない。

他人にどう見られても、まず、自分ありきでしょう。
幸せって、
自分を大切にすることからなんじゃないかな。

（07年、ストレスについて語ったときの言葉）

誰かが自分を幸せにしてくれることなんか、まずないと考えたほうがいい。周りの人は、あなたが考えているほど、あなたのことを考えてはいないし、あなたに注目もしていない。みんな自分のことで精いっぱいなのだ。結局、自分を幸せにするのは自分しかいない。

これに関して、世界的ミュージシャンである坂本龍一氏はこう語っている。

「僕は与えられたチャンスには挑んでいったけど、自分の背中を誰かに押してほしいと思ったことはまったくありませんでした。若いときには、たとえ一歳でも年上の人間は全部敵だと思っていて、その人たちの言うことは絶対聞くものかと思って生きてきたからです。それくらいの気概を持っていないと、本当に何もできないのです」（「日本経済新聞」より）

他人に頼らず、自分の人生はすべて自分で決めて、自分でつくっていく。そういう覚悟で生きることが一流への近道なのである。

他人の評価を気にせず、「自分の生き方」は、自分で決める。

1つのことを掘り下げると、100のことが見えるようになる。

僕の内面は、ほとんどが、野球の中で形づくられたものです。

（05年シーズンオフに、過去について聞かれたときの言葉）

「仕事漬け」とか「仕事中毒」というのは、あまりよくない意味で使われることが多いが、24時間仕事と格闘するくらいでなければ、一流なんかにはなれない。「人生の中に仕事がある」という発想ではなく、「仕事の中に人生がある」くらいの発想でちょうどいい。

仕事が好きになれないという人がいる。大抵の場合、その人は仕事を面白くする工夫がたりないだけではなく、仕事を深く掘り下げることをしていない。少なくとも、仕事に喜びを見いだせない人生は不幸である。一心不乱に「仕事の井戸」を掘れば掘るほど、他人にはわからない面白さを発見できる。それだけでなく、周囲からも名人芸を身につけた人間として評価される。

もちろん仕事を離れた気分転換は必要であるが、たとえ仕事を離れていても、仕事のことが頭の片隅から離れない、そういう脳の仕組みをつくることができて初めて、プロなのである。あるいは仕事漬けになることの快感を知った人間だけが、一流のプロになる資格がある。

仕事漬けになろう。

どうしたら自分の仕事をもっと「好き」になれるのか？

仕事の責任のために練習をしているわけじゃないんですよ。
野球が好きだから、練習をしているんです。
それだけです。

（06年第1回ＷＢＣ日本代表の練習中に、「練習」について聞かれての言葉）

結局、「好き」という感覚が人間を偉大な存在に仕立ててくれる。面白い仕事なんてそうそう転がってはいない。だから面白い仕事を探すという発想を即刻やめて、仕事を面白くするという発想に転換しよう。

「好き」という原点に戻ることができれば、どんなに苦しいときでも頑張れる。あるいは「好き」という気持ちで仕事にとり組めば、周囲の人間から「あいつは執着力がある」と評価される。しかも、自分は好きでのめり込んでいるから、そこには執着している意識すらない。

「好きという感覚は、本能的なもの」という考えは間違っている。「報酬を稼ぐ」という目的のみで仕事にとり組んでも、義務感しか存在しないから夢中になれないが、どんな仕事にも新しい発見があると信じてのめり込めば、いままで味わったことのない面白さが湧きあがってくる。仕事の奥深さにどんどん魅せられ、執着力も自然についてくる。

「好き」という感覚を大事にして、仕事にのめり込む。

生まれながらにしての「天才」なんていない。不断の努力をすれば、誰でも天才になれる。

僕を天才と言う人がいますが、僕自身はそうは思いません。
毎日、血の滲《にじ》むような練習を繰り返してきたから、
いまの僕があると思っています。
僕は天才ではありません。

（雑誌取材で、「『イチローさんだからあんなにヒットを打つことができる』と言う人がいますが……？」と聞かれたときの言葉）

数々の大記録を塗り替え、打席に立てば精密機械のように球をとらえ、ヒットを量産するイチローの能力。それは、生まれ持った天賦《てんぷ》の才能ではなく、不断の努力によって成し遂げられた偉大な成果なのである。

ビジネスの世界にも「天才」と呼ばれる人は多い。「経営の神様」と呼ばれた松下幸之助、ソフトウェア一本で大富豪となったビル・ゲイツ……。しかし、松下幸之助は丁稚奉公《でっちぼうこう》時代から数かぎりない辛酸をなめつつも、持ち前の執着力を発揮して見事にそれを克服しているし、ビル・ゲイツも、自宅のアパートにほとんど帰らずに、何日も徹夜でソフトウェアのプログラミングをしていたという。

「天才」とは、生まれ持っての資質によって決められるものではない。たとえ凡人であっても血の滲むような努力を繰り返しさえすれば、天才の仲間入りができるようになる。

才能のせいにしない。

ときには、ここまで「自分らしさ」を貫こう。

僕が考えている基本的な考えと、まるで逆のことを言われたんですよ。
僕はそのコーチの言葉に従って、僕の考えとは逆のバッティングを
1年目の秋からためしに実践していました。
秋のキャンプであれば、次の春のキャンプまでに修正できるから、
とりあえずやってみようと思った。
でも、結果は、やはりまったくダメなんです。
話にならないのが僕はわかったんで、二度と言うことを聞かなかった。

（打撃改造を指示された、オリックス入団後2年目のシーズンを振り返っての言葉）

イチローは、プロに入団してすぐ、結果を出せたわけではない。それどころか、フォーム改造のために2軍落ちを経験することにまでなった。このとき、当時のバッティングコーチは、イチローにこう囁《ささや》いたという。

「これが最後のチャンスだ。オレの言うことを聞くのであれば、教えてやる。聞かないのであれば、あとは勝手にやれ」

フォームの改造を示唆するこの忠告を、イチローは拒否。自ら2軍落ちを志願して、独自の「振り子打法」を確立することになる。そのときイチローは2軍のコーチに、涙を浮かべながら「**自分のやり方でやりたい**」と訴えた。

「**僕は自分の好きなスタイルを失いたくない。コーチに合わせていたら、自分が結局どんな選手かわからなくなって潰《つぶ》れていく。プロとして最悪のパターンなんですよ**」

イチローのように、自分流を貫いて独自のやり方を確立する強さも、一流になるには必要である。

一度はアドバイスを受け入れ、それでダメなら、自分流をとおそう。

「目標」でなく、「目的」こそが、あなたをかぎりなく成長させる。

目標を設定してそこに到達すれば、そこで満足してしまって先に進む努力をしなくなるでしょう。満足は求めることの中にあるんです。

（目標に対する考え方について語った言葉）

「目標」とは達成した瞬間に消えるもの。「首位打者になる」という目標は、達成された瞬間に終わり、「社長になる」という目標も、その目標を実現したときに消える運命にある。

一方、「目的」は、少なくともその人間が仕事にかかわっているかぎり、永久に続く。たとえば「世の中を便利にしたい」とか、「多くの人を幸せにしたい」という目的を持って仕事に没頭すれば、ポジションやリーダーが変わっても相変わらず高いレベルのモチベーションを維持できる。

イチローはあえて「目標」という言葉は掲げない。そのかわり、明確な「目的」は持っている。たとえばそれは「10割打者に一歩でも近づくこと」だ。

この目的は、彼がバットを置いてフィールドを去るときまで永続的に維持されるはずだ。しかもそれは、シーズン２００本安打という「目標」で括《くく》られる枠を越え、どこまでもイチローを進化させていく。

あなたが仕事をする「目的」は、何だろうか。

仕事の目的を、考える。

自分自身を知れば、
自分の成功(幸せ)の形が、
見えてくる。

比較するのは、あくまで自分です。
もちろん他人の記録も尊いと思いますけど、
まずは自分の能力を競わないと。

(目指す記録について語った言葉)

イチローが成し遂げた記録は、数かぎりない。しかしイチローは、数値を追いかけるのでなく、あくまで自分の能力を磨きあげることを重視している。

「第三者の評価を意識した生き方をしたくない。自分が納得した生き方をしたい」

この言葉がイチローの考え方を象徴している。

島国文化のせいか、日本人はとかく「同質化」を好む傾向がある。「目標」にしてもそうだ。「学年でトップになる」「いい会社に入って収入をあげる」「仕事で成功して、名をあげる」……。みんなと同じものを追いかけたがる。その結果「みんなと同じ」でなければ、自分が浮いていると感じてしまう。

一方イチローはあくまでも「異質化」を追い求める。「標準タイプの一流メジャーリーガー」という枠に縛られず、あくまで自分のスタイルの理想像を追求し続ける。だからこそ、自分の仕事に満足感を持つことができるのだ。

自分の理想像に向かって努力することが、成功の扉をこじ開けてくれる。

人と違うものを求めよう。

ベストを尽くしているかぎり、胸を張っていられる。

恥をかくなって、いったいどういうことなのか
僕には理解ができません。
自分の目標に向かって、できるかぎりの努力をして挑むとしたら、
自分に恥をかくなんてないと思います。

（メジャー行きが決まった際に、「恥だけはかくなよ」という声があったことに対して語った言葉）

01年、シアトル・マリナーズ入団が正式に決まったとき、「メジャーで恥だけはかくなよ」というこの言葉に、イチローは納得いかないという表情を浮かべた。むろんこの言葉は彼の活躍を期待しての言葉だったのだろうが、それでもイチローには、言葉の意味が理解できなかったという。

仮に挑戦して、まったく結果が出せなかったとしても、自分は全身全霊を傾けて挑戦したわけである。なぜそれを「恥」と思わなければならないのか。

多くの人々が「結果が出ないから自信が持てない」と考え、「結果が出ていないから、モチベーションがあがらない」と不満を抱く。だが、その考え方は明らかに間違っている。結果が出ようが出まいが、努力を続けた自分を評価すれば、モチベーションが下がることはないのだ。

アメリカでは、大統領もホテルマンも、自分の仕事に対して、同じくらい誇りを持っているという。報酬に違いはあっても、全身全霊自分の持てる才能をぶつける点では同じなのだ。

大統領と同じくらい、自分の仕事に誇りを持とう。

ビジネスの「前例」は、何のためにある？

常識と言われることを少しでも変えてやろうというのが僕の生きがいの一つにある。

（生きがいを聞かれたときの言葉）

日本旅行に、平田信也《ひらたしんや》さんという添乗員の男性がいる。独自のツアーで年に5億円もの売上を稼ぎだす人物である。

その平田さんが企画するツアーは、かつてなら「できるわけがない」と言われていたものばかりだという。しかし彼はキャリアを積みあげ、ときには事務職に飛ばされても、延々と実現することを考え続けてきた。

そうして何年も経った現在、会社の常識を打ち崩すことに彼は成功する。一サラリーマンでありながら、カリスマと呼ばれ、本も書き、講演もする。

このように「世間の常識」や「会社の常識」は、その気になればいくらでも変えられる。しかし「常識」から外れたことをしようとするとき、多くの人が「そんなこと無理に決まっている」と否定し、「できるわけがない」と反発する。

たとえば、野茂英雄投手が出るまでは、日本人がメジャーで活躍できるわけがないと思われていた。しかし、信念の強さがあれば、その常識は変えられることを彼は証明してみせた。あなたは、目の前の仕事のどんな常識を破るのだろうか。

ビジネスの「前例」を破ろう。

「お客さんを喜ばせたい」そう思っている人に、人生は次のステップを用意してくれる。

個人的には6、7割のところまで持っていけなかった。これだけ（多くの）お客さんが来られている中で、いいプレーを見せたいというのは当然。それができていないのがストレス。毎度のことだが、結果が出ないと悔しいし、つまらない。

（09年第2回ＷＢＣの自分のパフォーマンスを振り返っての言葉）

09年のメジャーリーグ開幕戦にイチローの姿はなかった。胃潰瘍《かいよう》により、故障者リスト入りしたためである。その原因の一つが、第2回WBCで思うようにヒットが打てなかったため、ファンをガッカリさせてしまったというストレスであったことは間違いない。彼特有の責任感の強さが、強烈なストレスになって胃潰瘍を引き起こしたといえる。

メジャーリーガー・イチローにとっての大事なお客さんは、マリナーズのファンである。高い入場料を払って何度も球場に足を運んでくれるファンに、芸術的なヒットを一本でも多く見せてやりたい。その思いがイチローにすごい仕事をさせている。

お客さんを満足させるのがプロとしての最大の使命——そう考えれば、どんな仕事も中途半端にはできない。常にお客さんが最高に喜んでいるシーンをイメージして、ベストを尽くそう。それができて初めてあなた自身も満たされるのである。

あなたのお客さんを、満足させよう。

本当の成功なんて、
人生が終わる瞬間にしかわからない。
だから、いまを全力で駆け抜けるんだ。

好きな言葉と言われると、すぐに思い浮かびません。

ただ、嫌いな言葉ならありますよ。

「成功」。

この言葉、嫌いです。


(「好きな言葉は何か?」と聞かれたときの言葉)

イチローは、「成功」という言葉で自分を表現することはほとんどない。周りの人間は彼を「成功者」と言うが、そんなことは彼にとっては、どうでもいいこと。その言葉は「**嫌い**」だとまで言っている。

私たちにとって結局、「成功」とは何だろう。

仕事はどこまでも続くものだし、人生もずっと続いていく。ただ一時期の栄誉や報酬額だけで成功や失敗を決めつけるのはナンセンス。

大切なのは、明日を夢見ることよりも、今日やるべきことをきちんとやり遂げること。過去や未来の勝敗のことを考える時間があるなら、目の前の課題にベストを尽くそう。

誰しも、「いま」という時間にしか、生きられない。

他人が勝手に解釈する「成功」など、潔く消し去って目の前の一瞬に全力を尽くす。それがあなたの生きる力を目いっぱい輝かせてくれる。

「成功者」と言われる生き方より、「自分が満足する生き方」をする。

● 337万3035票を集め、オールスター初出場
● マリナーズがアメリカン・リーグ西地区優勝
● 首位打者、盗塁王の2冠、ゴールドグラブ賞獲得
● インディアンスを破り、リーグチャンピオンシリーズ進出
※1勝4敗とヤンキースに敗れ、ワールドシリーズ進出を逃す
● アメリカン・リーグ新人王、MVPに選ばれる

2002 ● 両リーグ最多の251万6016票を集め、2年連続オールスターに出場
● ゴールドグラブ賞獲得

2003 ● 213万708票を集めトップでオールスターに3年連続出場
● 3年連続のゴールドグラブ賞獲得
● マリナーズと4年延長契約

2004 ● 4年連続オールスター出場
● 10月1日、年間259安打達成(1920年にジョージ・シスラーが記録した257安打を更新)、シーズン最多安打262本の記録を樹立
● 4年連続のゴールドグラブ賞獲得

2005 ● 5年連続オールスター出場、5年連続のゴールドグラブ賞獲得

2006 ● 第1回WBC(ワールド・ベースボール・クラシック)で優勝
● 6年連続オールスター出場

2007 ● 7年連続オールスター出場、1番・中堅で先発、球宴史上初のランニングホームランなどの大活躍でMVPを獲得
● マリナーズと5年延長契約、総額年俸約9000万ドル(約90億円)

2008 ● 8年連続200本安打達成(ウィリー・キーラーの1894〜1901年の記録以来、107年ぶりの快挙)
● 日米通算3000本安打達成(日本選手での3000本安打は張本勲以来2人目の快挙)
● ゴールドグラブ賞獲得
● 日米通算500盗塁達成

2009 ● 第2回WBC(ワールド・ベースボール・クラシック)で優勝

※1ドル=100円で計算しています

イチロー・ヒストリー

1973 ●10月22日、愛知県西春日井郡豊山町に生まれる
1990 ●愛工大名電高等学校2年生、夏の甲子園に出場
1991 ●愛工大名電高等学校3年生、春の甲子園に出場
※3番・投手として
●オリックス・ブルーウェーブにドラフト4位で外野手として入団
1994 ●登録名を「鈴木一朗」から「イチロー」に変更
●日本プロ野球初のシーズン200本安打を達成
●首位打者、最優秀選手、ベストナイン、ゴールデングラブ賞、正力松太郎賞獲得
1995 ●初のリーグ優勝。首位打者、打点王、盗塁王、最優秀選手、ベストナイン、ゴールデングラブ賞、正力松太郎賞を獲得
1996 ●オールスター第2戦・ピッチャーとして登板
●日本シリーズを制し、日本一を経験
●首位打者、最優秀選手、ベストナイン、ゴールデングラブ賞を獲得
1997 ●首位打者、ベストナイン、ゴールデングラブ賞を獲得
1998 ●首位打者、ベストナイン、ゴールデングラブ賞を獲得
1999 ●西武の松坂大輔との初対決。3打席連続三振を喫する
●通算100号本塁打達成(松坂投手から)
●首位打者、ベストナイン、ゴールデングラブ賞を獲得
●元アナウンサーの福島弓子さんと結婚
2000 ●首位打者、ベストナイン、ゴールデングラブ賞を獲得
●ポスティングシステムで、マリナーズが1312万5000ドル(約13億円)で最高額入札
●11月19日、シアトル・マリナーズと総額1400万ドル(14億円+出来高)で3年契約
2001 ●4月2日、開幕戦のアスレチックス戦に1番・右翼で先発出場。7回に初安打を記録

〔その他の契約内容〕

★オールスター出場

　ファン投票選手の場合　7万5000ドル（750万円）

　監督推薦の場合　5万ドル（500万円）

　ファン投票でリーグ最多得票の場合　2万5000ドル（250万円）

★シーズンMVP獲得　15万ドル（1500万円）

★シーズンMVP獲得2度目　20万ドル（2000万円）

★シーズンMVP獲得3度目　25万ドル（2500万円）

★新人王　7万5000ドル（750万円）

★ワールドシリーズMVP　10万ドル（1000万円）

★リーグチャンピオンシップMVP　5万ドル（500万円）

★ゴールドグラブ　5万ドル（500万円）

★シルバースラッガー　5万ドル（500万円）

（各ポジションでの最も優れた打者への賞）

〔グラウンド外手当〕

★引っ越し費用　1万ドル（100万円）

★住居費　2007年・3万1000ドル（310万円）

★キャンプ中、及びシーズン中の交通費

★通訳

★専属トレーナー

★日本――シアトル往復ファーストクラス航空券

（4人分、年2回）

イチローの日本プロ野球・メジャーの契約内容

〔イチローの契約金と年俸〕

1991　オリックス・ブルーウェーブ入団時の契約金　4000万円
1992　年俸430万円
1993　年俸800万円
1994　年俸800万円
1995　年俸8000万円
1996　年俸1億6000万円
1997　年俸2億6000万円
1998　年俸4億3000万円
1999　年俸5億円
2000　年俸5億3000万円
2001　シアトル・マリナーズ入団時の契約金 500万ドル（5億円）
　　　年俸400万ドル（4億円）
2002　年俸200万ドル（2億円）
2003　年俸300万ドル（3億円）
　　　☆再契約金600万ドル（6億円）
2004　年俸500万ドル（5億円）
2005　年俸1100万ドル（11億円）
2006　年俸1100万ドル（11億円）
2007　年俸1100万ドル（11億円）
　　　☆再契約金・年俸合わせ5年で9000万ドル（90億円）、
　　　2008年以降5年間、年平均で年俸1700万ドル（17億円）

※1ドル＝100円で計算しています

◆シーズン最多安打：262（2004年）
※ジョージ・シスラーが記録した257安打を更新
◆シーズン月間50安打回数：３回（2004年）
◆シーズン最多単打：225（2004年）
◆シーズン最多内野安打：59（2004年）
◆連続盗塁成功：45（2006〜2007年）
※アメリカン・リーグ記録
◆１シーズンでの連続盗塁成功：39（2006年）
※アメリカン・リーグ記録
◆アメリカン・リーグ地区シリーズ
最高打率：.600（2001年）
◆アメリカン・リーグ地区シリーズ
５試合最多安打タイ：12（2001年）

★球団記録（シアトル・マリナーズ）

◆新人最多得点：127（2001年）
◆新人最多塁打：316（2001年）
◆新人最多盗塁：56（2001年）
◆新人連続試合安打：23
（2001年4月22日〜5月18日）
◆通算打率：.331（2008年シーズン終了まで）
◆通算三塁打数：64（2008年シーズン終了まで）
◆連続試合安打：25（2007年5月7日〜6月1日）
◆シーズン最高打率：.372（2004年）
◆シーズン最多打数：704（2004年）歴代２位
◆シーズン最多打席：762（2004年）歴代５位
◆シーズン最多安打：262（2004年）歴代１位
◆シーズン最多単打：225（2004年）歴代１位
◆シーズン最多三塁打：12（2005年）
◆シーズン最多敬遠四球：27（2002年）歴代28位タイ
◆シーズン最多複数安打試合数：80（2004年）
◆１試合最多刺殺数（中堅手）：11（2007年6月27日）

メジャーリーガー・イチローの記録

★メジャーリーグ（アメリカン・リーグ）記録

- アメリカン・リーグ新人王（2001年）
- アメリカン・リーグＭＶＰ（2001年）
- 首位打者・２回（2001年、2004年）
- 盗塁王・１回（2001年）
- シルバースラッガー賞・２回（2001年、2007年）
- ゴールドグラブ賞・８回（2001～2008年連続）
- コミッショナー特別表彰（2005年）
- アメリカン・リーグ月間新人ＭＶＰ・４回（2001年4、5、8、9月）
- アメリカン・リーグ月間ＭＶＰ・１回（2004年8月）
- アメリカン・リーグ週間ＭＶＰ・２回
- オールスター出場・８回（2001～2008年連続）
- オールスターＭＶＰ・１回（2007年）
  ※オールスターでのランニングホームランは史上初
- ハート＆ハッスル賞・１回（2008年）
- 新人から３年連続オールスター最多得票
- アメリカン・リーグ新人最高打率：.350（2001年）
- シーズン安打試合数最多：135（2001年）
- シーズン新人最多安打：242（2001年）
- シーズン新人最多打数：692（2001年）
- 連続４シーズンでの安打数最多：924（2001～2004年）
- 連続５シーズンでの安打数最多：1130（2001～2005年）
- 連続６シーズンでの安打数最多：1354（2001～2006年）
- 連続７シーズンでの安打数最多：1592（2001～2007年）
- 連続８シーズンでの安打数最多：1805（2001～2008年）
- ８年連続２００安打・１００得点・３０盗塁・オールスター選出・ゴールドグラブ賞（2001～2008年）
- シーズン最多安打：３回（2001、2004、2006年）

●参考文献
『イチロー思考』児玉光雄（東邦出版）
『イチロー哲学』児玉光雄（東邦出版）
『イチロー頭脳』児玉光雄（東邦出版）
『イチロー式成功力』児玉光雄（インデックス・コミュニケーションズ）
『イチローに学ぶ「天才」と言われる人間の共通点』児玉光雄（河出書房新社）
『イチローにみる「勝者の発想」』児玉光雄（二見書房）
『イチロー思考VS松坂思考』児玉光雄（幻冬舎）
『イチローはなぜ打率ではなくヒット数にこだわるのか』児玉光雄（晋遊舎）
『イチロー進化論』児玉光雄（日刊スポーツ出版社）
『イチロー「勝利の方程式」』永谷脩（三笠書房）
『夢をつかむイチロー262のメッセージ』「夢をつかむイチロー262のメッセージ」編集委員会（ぴあ）
『未来をかえるイチロー262のNextメッセージ』「未来をかえるイチロー262のNextメッセージ」編集委員会（ぴあ）
『屈辱と歓喜と真実と』石田雄太（ぴあ）
『イチローの流儀』小西慶三（新潮社）
『イチロー魂の言葉』石田靖司　MLB研究会（アールズ出版）
『イチロー至上主義』氏田秀男（実業之日本社）
雑誌　CARトップWBC開幕特集号　2009年4月号増刊（交通タイムス社）
雑誌　Sportiva 2009 4/25　臨時増刊号（集英社）
雑誌　Sports Graphic Number 2009 4/16（文藝春秋）
nikkansports.com
●編集協力　メイク・デイズ・ファクトリー

本書は、本文庫のために書き下ろされたものです。

児玉光雄（こだま・みつお）
　1947年、兵庫県生まれ。京都大学工学部卒業。カリフォルニア大学ロサンゼルス校（UCLA）大学院に学び、工学修士号取得。米国オリンピック委員会スポーツ科学部門の客員研究員としてオリンピック選手のデータ分析に従事。20年以上にわたり、プロスポーツ選手のメンタルカウンセラーを務める。現在、鹿屋体育大学教授。日本体育学会会員。日本スポーツ心理学会会員。プロスポーツ選手・スポーツ指導者のコメント分析のエキスパートであり、「スポーツ天才学」における、日本の第一人者。
　また、右脳活性プログラムのトレーナーとしても活躍。
　著書に、『石川遼に学ぶメンタルの極意』『タイガー・ウッズのメンタルを手に入れる方法』『イチロー脳力』など、130冊以上がある。

知的生きかた文庫

この一言《ひとこと》が人生《じんせい》を変《か》えるイチロー思考《しこう》

著　者　児《こ》玉《だま》光雄《みつお》
発行者　押鐘太陽
発行所　株式会社三笠書房
郵便番号一〇二-〇〇七二
東京都千代田区飯田橋三-三-一
電話〇三-五二二六-五七三四〈営業部〉
　　〇三-五二二六-五七三一〈編集部〉
http://www.mikasashobo.co.jp
印刷　誠宏印刷
製本　若林製本工場

ISBN978-4-8379-7806-0 C0130
落丁・乱丁本は当社にてお取替えいたします。
定価・発行日はカバーに表示してあります。

C50079